2000 JAHRE WEIHNACHTEN

Sybil Gräfin Schönfeldt

2000 JAHRE WEIHNACHTEN

HERDER FREIBURG • BASEL • WIEN

Inhalt

1. Advent, Advent

2. Es weihnachtet sehr

3. Der Weihnachtsschmaus

4. Das Fest der Feste

Advent, Advent

Advent, Advent

Transparent

Die Transparenz der Welt – wie das himmlische Paradies erkennbar wurde.

Wer von Weihnachten spricht, sagt gern: »Früher...« Früher, als ich ein Kind war. Früher, als alles so viel schöner erschien.

In Wirklichkeit muß man viel weiter zurückgehen, nicht nur in die gute alte Zeit, in der es am Heiligen Abend immer geschneit hat und die Gans so knusprig war.

Im 4. Jahrhundert nach Christi Geburt liest man bei Heiligen, Kirchenvätern und Päpsten, daß dieser Tag seinen festen Ankerplatz im Kirchenjahr bekommen hat, und es ist müßig, darüber nachzudenken, ob die Heilige Nacht wahrhaftig am 24. Dezember unserer Zeitrechnung über einer kleinen Höhle im Fels oder über dem Stall mit dem Stern gedämmert hat. Christus ist geboren, das war die Wahrheit. Was ist ihm, der das Weltall erschuf, ein irdischer Tag? Dieses aber, das himmlische Paradies, in dem keine Erdenzeiten mehr gelten, hat in dem nächtlichen Stall das Irdische transparent gemacht.

In einem der apokryphen Evangelien wird beschrieben, wie Joseph im Augenblick der Christgeburt sah, daß alles um ihn herum den Atem anhielt, einen Herzschlag lang erstarrte, Wolken und Wind und Hirten und Schafe und Sterne und Mond –

und dann brach ein Licht
aus dem Stall, das heller
als die Sonne war.

Vielleicht können wir uns kaum noch vorstellen, wie für die Menschen in unserem frühen Mittelalter das Unsichtbare hinter dem gewärtig war, was ihnen die Sinne zeigten.

Wir sprechen von Sinnbildern, die für etwas anderes stehen, Bilder also, die auf etwas ähnliches verweisen und austauschbar wären. Wer aber damals, als die Klöster und Kathedralen entstanden, in der heiligen Nacht durch den Schnee oder durch den dichten Wald in die kerzenhelle Kirche wanderte, dem war das nächtliche Dunkel kein Sinnbild für die Finsternis des Lebens, es war die Finsternis selbst, das Dunkel, das uns immer verschlingen kann, ob Hölle, Kummer oder Verzweiflung.

Und dann die Kirche. In den alten Texten der Kirchweihen wurde aus dem ersten Buch Mose zitiert:

» Voll Schauer ist dieser Ort.
Gottes Haus ist hier und die Pforte
des Himmels. Sein Name ist:
Wohnung Gottes. «

Geburt Christi (Ausschnitt aus dem Weihnachtsfenster), um 1315. Königsfelden, ehemalige Klosterkirche.

Das war die Wirklichkeit. In sie trat ein, wer das Haus Gottes, nach dem oft langen Weg durch die Heilige Nacht, erreichte. Es war von himmlischem Glanz erfüllt, auch wenn es eine kleine Kapelle mit kümmerlichen Wandbildern war, denn es war die Pforte des Himmels. Das war sie erst recht in den gotischen Domen, hinter deren bunten Glasfenstern das unirdische Licht erstrahlte und zeigte, daß diese Lichteskraft die Mauern durchdringen und auflösen konnte. Das war die Transparenz der Welt, und wer daran teilnahm, »voll Schauer«, der war in der Wohnung Gottes.

Was ist uns geblieben? Die Kerze und der Stern, der grüne Zweig und die mystische Rose, der Paradiesbaum und das goldene Ei.

»Xmas is a decoration«

sagt man in der Neuen Welt, aber auch wenn man den Gartenzaun mit einem innenbeleuchteten Weihnachtsmann aus Plastik schmückt, so ist auch darin das himmlische Licht hinter den Glasfenstern und unsere Sehnsucht nach Gottes Frieden auf Erden so gegenwärtig, daß man den Schauer des Moses immer wieder spüren kann.

Die Dezembergeister

Die Augen der Nacht: von Butzemännern, Nikoläusen und Co.

Der Winter war damals kalt und lang. Kalter, tiefer Winter über einer Welt, in der keine Straßenlampen die frühen dunklen Nächte erhellten, in der es keine geheizten Fahrzeuge und Stuben gab.

Wer in die Schule oder zur Arbeit wollte, mußte zu Fuß gehen, auch bei Schneesturm. Wer nasse Füße bekam und fror, konnte sich nur an den Herd in der Küche setzen oder an den einzigen Ofen in der Stube, der mit Holz geheizt wurde. Selbst die Betten waren kalt und klamm, und wenn die Brunnen zugefroren waren, mußte man mit einem Eimer zum Dorfteich gehen, mußte dort ein Loch ins Eis hacken und schnell das schwarze, kalte Wasser schöpfen, eh es wieder zufror.

Pelzmärte (bekannt in Baden und Bayern)

Abends aber kamen die Leute zusammen. Reihum war einer der Lichtervater, das heißt: Er heizte den Ofen und zündete das Talglicht für alle an. Die anderen konnten es sparen. Manchmal kamen nur die Frauen zusammen und spannen oder webten, rupften oder spleißten die Federn von den geschlachteten Hühnern und Enten und Gänsen, die man das ganze Jahr hindurch gesammelt hatte und nun im Winter verarbeitete und Kissen oder Betten damit stopfte. Oder sie vergoldeten die Nüsse für Weihnachten. Manchmal brachten sie die älteren Kinder mit, und wie mag es gewesen sein, wenn man mit der Mutter oder Patin durch die schweigende, tiefe schwarze Nacht nach Hause ging. Knirschte der Schnee unter den Tritten oder war das ein Unsichtbarer? Heulte ein Hund im Stall oder der Wind in den Tannen? Oder war das ein Wolf? Ein verzauberter Wolf? Und beugt sich dort der Busch im Sturm oder huscht jemand vorbei, der ... Die Nacht schwieg.

Lebendig sind nur die Geschichten und Märchen, die in der Spinnstube erzählt worden sind, und kein Mensch kann mehr sagen, was zuerst da war:

die Ungeheuer der Nacht
und des Winters

oder die Geschichten von ihnen. Sicher ist nur, daß die Menschen schon vor Hunderten von Jahren versucht haben, ihren Ängsten und Hoffnungen Gestalt zu verleihen. Ihr Leben und ihre Gesundheit hingen früher davon ab, daß alles, was sie geerntet hatten, bis zum nächsten Sommer reichte. Daß ihr Vieh gut über den Winter kam und im kommenden Frühjahr kräftige Junge warf, Kälber und Lämmer und Küken. So meinten sie, daß im Winter, in dem die ganze Natur schlief und unter der Schneedecke wieder auf Sonne und Wärme wartete, Fruchtbarkeitsgeister durch die Lande strichen, die man sich vielleicht freundlich stimmen konnte. Sie glaubten auch daran, daß unsichtbare Kobolde Haus und Hof schützten, und sie glaubten, daß in einigen ganz besonderen Nächten zwischen den Jahren die Zeit eine Ritze hätte und man zwischen Ende und neuem Anfang in die Zukunft schauen könnte. Orakeltage, Orakelnächte.

Kurzum: Den ganzen Winter über wimmelte es nur von guten und schiachen, bösen Geistern zwischen Dorf und Wald. Da ist zum Beispiel der Pelzmärte,

ein struppiger Kerl in einem alten Lammpelz,

die Mütze tief über die Ohren gezogen. Er zog als die Verkörperung der dunklen Dämonen und des Teufels durch das Dorf und versuchte, die Frauen und die Kinder zu jagen und zu erschrecken.

Er war nur ein Butzemann, Butze ist ein altes Wort für Verkleidung oder Vermummung. Unter dem Zottelfell steckte also einer der Nachbarn – aber wer konnte das schon erkennen? So dunkel wie die Dezembernächte sind!

St. Nikolaus mit den Buttenmännern (Brauch aus dem Berchtesgadener Land)

Der Märte oder Nickel tobte manchmal mit einer ganzen Teufelsschar herum,

am liebsten in den Klopfnächten. Das waren die ersten Tage im Dezember oder die Donnerstage im Advent. Der Donnerstag war Donar, dem alten Germanengott geweiht: Herr über den Donner und Herrscher der Fruchtbarkeit. Mit ihm wollte man sich natürlich besonders gut stellen, also hat man am Donnerstag mittags Erbsensuppe gekocht und abends noch zur Bestätigung mit trockenen Erbsen »angeklopft«, das heißt: Erbsen gegen die Fenster geworfen. Warum ausgerechnet Erbsen? Weil sie so rasch keimen und wachsen. So sollte es mit Getreide und Obst im kommenden Sommer eben auch geschehen!

Und warum hat man angeklopft? Man, das sind die großen Kinder und die jungen Burschen gewesen, verkleidet natürlich, als Bercht, als Klopfer, als Kleiner König. Sie waren genauso jung und gesund wie die Samen und Keime in der Erde, auf ihre Lebenskraft setzten die Erwachsenen alle Hoffnung. Deshalb wurden sie beauftragt,

Hans Muff treibt linksrheinisch von Duisburg bis ins Saarland sein Unwesen.

Die Dezembergeister

mit den Fruchtbarkeits-Erbsen das Gute und das Glück zu beschwören.

Manchmal hatten die jungen Leute auch Ruten in der Hand, zusammengebundene und im Winter eben kahle Zweige, mit denen sie an Fenster und Fensterläden schlugen. Das hatte jedoch nichts mit Strafe und Verdreschen zu tun, ganz im Gegenteil. Man glaubte, daß die Berührung mit den Winterzweigen, die ja voller Knospen sitzen, Segen und Fruchtbarkeit brächte. Die Erwachsenen freuten sich also, wenn die Kinder zum Anklopfen kamen, und sie öffneten Fenster und Haustür und bedankten sich mit einer Handvoll Nüsse und Äpfel oder Lebkuchen und Birnen. Das waren damals die Süßigkeiten, über die man verfügte.

In den Klopfnächten saßen die Leute oft noch lange am Ofen, und die Jungen befragten das Orakel.

Wen werde ich heiraten?

wollten die Mädchen wissen und schauten in eine Schüssel mit Wasser. Dann sahen sie das Bild ihres Zukünftigen – wenn er nämlich flink neben sein Mädchen sprang und ihr über die Schulter schaute! Oder sie schälten einen Apfel, ohne die Schale zu zerschneiden, und warfen den Kringel über die Schulter. Mit dem Buchstaben, den die Schale dann bildete, begann der Name des künftigen Mannes. Und wenn die jungen Burschen wissen wollten, was aus ihnen wurde, warfen sie einen Schuh über die Schulter: Zeigte er zur Tür, so verließ der Betreffende im nächsten Jahr das Elternhaus.

Überall treffen sich im Winter diese guten und die drohenden Gestalten, später dann die christlichen und die aus der Heidenzeit.

J. F. de Götz, Knecht Ruprecht, 1784.

St. Nikolaus besucht die Kinder. Waren sie auch brav?

Da gab's den heiligen Nikolaus, einen der beliebtesten Heiligen, vor allem bei den Kindern, denn sein Fest am 6. Dezember verbinden wir noch immer mit dem Brauch des Schenkens – ein Brauch, der später auch auf Weihnachten übertragen wurde und wohl auf die Großzügigkeit, Wohltätigkeit und Hilfsbereitschaft dieses reichen Edelmannes aus Patras zurückgeht. Über sein Leben wissen wir kaum etwas, denn seine Person vermischt sich mit mehreren anderen Gestalten namens Nikolaus. Geblieben sind nur die Legenden, etwa die von den drei armen Mädchen, die Nikolaus heimlich mit einer Mitgift beschenkte und so vor einem Leben in Schande bewahrte.

Der heilige Nikolaus wird vom Krampus gefolgt, der mit Teufelsmaske und Kettengerassel die Kinder vom Bösen abschrecken soll, die Braven aber mit Nüssen und Lebkuchen belohnt. Und wenn die Butzebercht, die Budelfrau mit Topfgerassel durch das Dorf rennt und den schlampigen Hausfrauen noch Dreck in die Küche schüttelt, so leuchtet das Licht der heiligen Lucia als Trost durch die Winternacht.

Hans Trapp als Spukgestalt begleitet das Christkind. C. Huth, um 1868.

Oder wenn Engel, Teufel und Bock durch die Nacht ziehen und so tun, als ob sie um die Kinder kämpften: So sehr der Bock auch versucht, die Kinder dem Teufel in die Arme zu treiben, so siegt zum Schluß der Engel, und alle dürfen sich Äpfel und Nüsse aus seinem Sack holen.

Und der Weihnachtsmann?

Das ist das Merkwürdige. Den gibt es eigentlich gar nicht. Jedenfalls: Wenn man einen Blick in die Vergangenheit wirft, so kann man ihn nirgendwo entdecken.

Was soll man wohl davon halten? Lesen Sie auf Seite 114, was zu diesem guten Geist zu sagen ist.

Der Weihnachtsengel

Die Schweizer Schriftstellerin Cécile Ines Loos (1883-1959) beschreibt in ihren Romanen meist Frauen- und Kinderschicksale. Oft verbindet sie Realistisches mit Visionärem.

CÉCILE INES LOOS

Als ich vier Jahre alt war, sah ich ihn zum ersten Mal. Er saß auf einem grünen Samtfauteuil im Salon. Vor mir türmte sich eine Masse von weißen Schleiern auf, in der ich nach und nach zwei Hände entdeckte, ein wenig knochig zwar und rötlich, und die eine trug einen Verlobungsring. Aus der ungeheuren Fülle dunkler und künstlich frisierter Locken schaute ein Gesicht hervor wie aus einem Wald. Auch dieses war rötlich in der Färbung, mit einer gewissen auffallenden Schräge in den Wangen, einer Hakennase und munteren Kugelaugen. Indessen ist es meist nicht so wichtig, wie die Sache aussieht, sondern nur, was sie vorstellt. Hätte man mir gesagt, das Fräulein sei verlobt mit Herrn Soundso, ich hätte das ohne weiteres geglaubt, aber nun war das der Weihnachtsengel oder das sogenannte Christkind. Schließlich aber ist man auch nicht umsonst ein Kind unter Erwachsenen, und ich fühlte deutlich meine Pflicht, diesen Engel sofort und spontan jubelnd als solchen zu verkünden. Statt dessen sagte ich etwas kleinlaut und gegen meine Vernunft: »Ist das nicht das Fräulein Soundso?«

»Aber Kind, aber Kind«, sagten die Erwachsenen mit sanftem Vorwurf, gleich im Chor. »Denke doch auch!« – Innerlich blieb ich zwar sicher, daß dies niemals ein Engel, sondern eben das Fräulein Soundso war. Hätte nicht ein richtiger Engel mich auf diese verfängliche Frage hin mit gebogenem Zeigefinger an sein Herz gerufen und gesagt: »Fürchte dich nicht, mein Kind, ich bin der Engel Gabriel!« Und wieso wäre dieser Engel ausgerechnet in meiner Abwesenheit in unsern Salon geflogen, und weshalb mußte Anna, die an der Türe stand, so furchtbar lachen, als ich den Satz mit dem Fräulein hervorbrachte? – Das hätte ich wissen können. Aber wie gesagt, ich war noch zu jung, um tödlich sicher zu sein in meiner Wahrnehmung. Und so wollte ich wenigstens den Abgang des Engels kontrollieren, dessen Ankunft sich mir so geheimnisvoll verborgen hatte. Im positiven Fall, daß es sich doch um einen Engel handelte, war ich bereit, die unglückliche Verknüpfung mit dem Fräulein Soundso sofort zu revidieren. Ich fühlte deutlich, daß ich eine Bresche in den guten Glauben an die sichere Welt eines Kindes in diesen Kreis der Erwachsenen geschlagen hatte.

»Sag jetzt schön dein Verschen auf«, mahnte die Stimme der Großmutter, »und vor allem: Tritt nicht so nah an den Engel heran, das sind himmlische Wesen!« Mein Verstand war noch klein und nur ungefähr so breit wie eine Nadelspitze. Ich hatte einige Mühe, meine Argumente in Schach zu halten, während ich voller Gottvertrauen und fehlerfrei mein Verschen hersagte. Ich glaube sogar, es ging jenen Theologen nicht unähnlich, als sie sich eines Tages darum stritten, wie viele Engel auf einer Nadelspitze Platz hätten. In meinem Fall waren es mindestens dreitausend, wenn ich sie hätte ausbreiten dürfen.

Aber der Engel auf dem grünen Samtfauteuil? Weshalb glaubte ich nicht an den falschen Engel? Weil ich unbedingt an den richtigen Engel glaubte. Aber war der nicht dennoch da? Und zwar trotz des Fräuleins Soundso? Der richtige und der wahre Weihnachtsengel, der zu allen Kindern kommt? In die tiefe Stille von zwölf Menschen, samt dem Christkind und mir, sagte ich feierlich mein Verschen auf: »Ich bin noch klein, mein Herz ist rein ...«

Und es war doch der wahre Engel, der mich ansah. Von den Kerzen tropfte das Wachs, und die Lampen im Zimmer sind verlöscht. Ein Zweiglein knistert, im Dunkeln leuchten rote Kugeln. Ein goldenes Reh an einem silbernen Häklein schaukelt leise hin und her, als käme es durch den Tann geschritten. Hinter dem Reh folgt ein kostbarer Schlitten, und darin sitzt das Weihnachtskind.

Rechts und links von seinem Weg stehen Engel Spalier und tragen gelbe Kerzen in den Händen. Das ganze Zimmer ist lauter Duft und Glanz. Meine Mutter singt am Klavier: »Stille Nacht, heilige Nacht ...«, und wir singen mit. Leise und ungesehen ist der Weihnachtsengel aus dem Salon verschwunden. Ich habe ganz vergessen, seinen Abgang zu kontrollieren ...

Licht in der Nacht

Himmlischer Glanz als Trost in der Dunkelheit.

Die längste Nacht und die kürzesten Tage; so viele Lampen und Laternen es auch geben mag, die Nacht bleibt schwarz und kalt. Und man weiß es. Man weiß es, und es fällt einem alles ein, was die Nacht noch finsterer und drückender macht.

Die Geister? Ja, Geister und arme Seelen. Wer ihnen früher eine Kerze anzündete und ans Fenster stellte, wer ihnen den Tisch deckte, damit sie hereinfinden und sich wärmen und den Hunger stillen konnten, der lud sich selber ein.

Lichter geistern durch alle Winterwochen: Für Martin kommt eins in die Laterne, und man zieht durch die Schatten, möglichst mit Freunden und Kindern und Nachbarn, um dem Dunkel zu zeigen, wie man es vertreiben kann. Für die armen Seelen stellt man ein Licht auf die Gräber. Lucia, die heidnische Heilige, trägt den Kerzenkranz auf dem Haupt, und auf dem Adventskranz wurde früher jeden Tag eine Kerze mehr entzündet.

Da mischt sich beides: Der Kranz ist der Ring, und der geschlossene Ring wiederum der stärkste Zauber gegen die Dämonen, die diesen endlosen Kreis nicht brechen, nicht bei uns einbrechen können; während das Licht der Kerze auf Christus weist, der die Nacht des Unglaubens mit seinem himmlischen Glanz erhellt.

Schon in der Zeit, in der es noch selbstverständlich war, auf dieses Licht zu vertrauen, schätzte man das irdische Licht der Wachskerzen am höchsten, weil es im Gegensatz zu den rußigen Kienspänen und den flackernden Öllämpchen so klar und rein und ruhig brannte wie das, was es symbolisieren sollte. Duftende Kerzen aus Wachs erleuchteten die Kapellen und Dome, ließen das Glas der Fenster wie Edelsteine leuchten und die Kirchen selbst wie großfarbige Paradiesesschiffe auf dem Meer der Nacht.

Die Kerze, die bescheidenere Kerze aus Unschlitt,

am Herdfeuer entzündet, wurde in der bäuerlichen Vergangenheit in die Laterne gestellt. So gingen sie, Jahr für Jahr, Jahrhundert für Jahrhundert, durch die dunklen Wälder und die verschneiten Wege zur Christmette, nahmen die Kerze aus der Laterne und stellten sie vor sich auf die Kirchenbank. Licht kam zu Licht, und Licht kehrte wieder in die

Der strahlende Weihnachtsbaum erhellt den Weg zur Kapelle.

Die heilige Lucia gilt in Schweden als Licht- und Gabenbringerin. Graphik von Carl Larsson (1853-1919).

Häuser zurück, wo die Geister unter der Schwelle warteten und das Vieh im Stall.

An manchen Orten war es Sitte, dem Ochs und dem Esel die Christkerze auf die Krippe zu stellen oder einmal mit dem Licht ums Haus zu gehen, ehe man eintrat und die Kerze im Herrgottswinkel vor die Heilige Familie stellte. Oder ans Fenster.

Denn in dieser Nacht waren die Häuser gastfrei und standen allen offen, die bedürftig und einsam waren. Und wenn auch der Hausvater nicht viel anzubieten hatte, »so machte er wenigstens ein großes Licht in der Stube«, wie es in einer alten Handschrift aus dem 14. Jahrhundert heißt.

Das Licht vertreibt die Finsternis, und auch dem, für den Licht nur in Watt und Volt zu definieren ist, kann Finsternis eine Last sein, die auf der Seele liegt. Es tut ihm wohl, Helligkeit zu spüren, die auch Wärme ausstrahlt. Das war schon damals so, als man im Wintersturm Wotans wilde Jagd vorüberpoltern hörte und ein frisches Holzscheit in den Kamin warf, um selber mehr Licht zu haben und vielleicht auch einem verlorenen Wanderer zeigen zu können: »Sieh, hier sind Menschen wie du. Hier kannst du eintreten, hier kannst du dich wärmen, hier bist du willkommen.« Was ist kälter und feindseliger, der nächtliche Märchenwald, in dem die Wölfe heulen, oder die Brandmauern, zwischen denen der monotone Motorenlärm widerhallt? Was ist öder und einsamer, Heide und Feld im Winternebel oder Treppe und Gänge, die in die zugige Tiefe des Untergrunds führen, Straßen im trüben Laternenlicht, eine Stadt bei Nacht? Unser Kerzenlicht ist elektrisch, der Stern erinnert nur noch ferne an den Meerstern Marias oder an den anderen, dem die Drei Weisen folgten. Und das Tannengrün duftet so gut nach Harz, ist aber nichts als das Grün der Hoffnung, das Sinnbild der Treue, so oder so. Bilder unterdessen ohne Sinn, zur reinen Dekoration verkommen. Aber der Mensch braucht seine Sterne, braucht sein Grün, braucht sein Licht. Es gibt so viele Dunkelheiten, die uns sonst überwältigen würden.

Lichtermeer im Central Park von New York.

Im Lauf der Zeit

Diese Erzählung aus dem autobiographisch geprägten Band »Orte« von Marie Luise Kaschnitz (1901-1974) entstand ein Jahr vor ihrem Tod.

Marie Luise Kaschnitz

Wie das war Weihnachten in Königsberg, mit dem Kind im schwarzen Samtkleidchen und irischem Spitzenkragen, und der Assistent, der dunkelhaarige Ostpreuße, steckte die Kerzen an und machte eine Aufnahme mit Blitzlicht, die habe ich noch. Vorher sind Vater und Tochter mit der Elektrischen in die Kirche gefahren, in den Dom, der lag weit weg auf der Insel, und an den alten Kornspeichern und an vielen Christbäumen in hohen, schmalen Fenstern kamen sie vorbei.

Und wie das war in B. mit all den Flüchtlingen im Haus und den Plätzchen aus Haferflocken, aber der riesigen Tanne in der Halle, damals wurden die Dorfkinder noch beschenkt und hinterließen kleine Pfützen auf dem Teppich, die schöne Aufregung gibt es nicht mehr.

Später wieder die üppigen Feste, die Kinder des Hauses vor hochbeladenen Tischen, die Weihnachtsgeschichte von den Buben auf deutsch, auf lateinisch, endlich auf griechisch vorgelesen. Das Glöckchen war noch immer das alte gläserne, einem zierlichen Napoleon griff man da um den Leib und läutete mit ihm das Christfest ein.

Und wie das war in Rom, die langen Nachtwanderungen von den alten Parioli nach Sta. Maria Maggiore oder auf den Aventin, wo die Benediktiner sangen.

Ein Jahrzehnt später im Auto von Krippe zu Krippe und zu Fuß durch die Glitzerstraßen auf den Festsaal Piazza di Spagna und die schöne Treppe hinauf. Hinaus auf die Via Cassia, aber vorher noch bei Costanza die Kerzen am winzigen Bäumchen angesteckt, und einmal ist mein Geschenk ein altmodischer Garderobenständer, an dessen schwarze Schnörkelarme Vittorio fünfzig rote und blaue Luftballons gebunden hat, die rühren sich, tanzen knisternd in der warmen Luft.

In der Via Cassia ist das Haus erfüllt vom Duft des Taccino und von Kinderungeduld. Das Lebkuchenhaus, die Nachtarbeit der Eltern, hat die fette Hündin Polpetta gefressen, niemand ist ihr deswegen gram.

Bald ist es wieder soweit, die Fernsehglocken läuten, so viele Weihnachtsabende, und warum eigentlich immer diese Angst, da es doch oft schön war, und es könnten, wären wir nur leicht, die Sprossen der Himmelsleiter auch halten, und wir könnten, wenn wir nur leicht wären, auch fröhlich sein.

Morgen, Kinder, wird's was geben

Wie verkürzt man die lange Wartezeit bis zum großen Fest?

Der Adventskranz

Der Adventskranz ist jung und gleichzeitig uralt, er scheint seine Heimat im Norden zu haben. Auf den friesischen oder auf den Ostsee-Inseln haben die Bauern zur Wintersonnenwende Weidenruten zu Reifen gebunden oder Faßreifen mit Immergrün umwickelt. Es gibt alte Bilder, die solche heidnischen Reifen, dicht mit Kerzen besteckt, über christliche Fichten gehängt zeigen.

Reifen, Kreis, Ring: magische Zeichen für das Vollkommene, Ewige.

Aber auch Abwehrzauber. Grüne Kränze und solche aus Stroh verhießen Segen. Die geschlossene Form, ohne Anfang und Ende läßt keinen von draußen herein und hütet diejenigen, die drinnen sind, hütet das künftige Grün und alles, was wachsen und Frucht tragen soll: Natur, Kreatur, christliche Hoffnung.

Deshalb umwand man die Kränze noch mit roten und güldenen Bändern, mit den Farben des Lichts und des Lebens. Aus diesem Zauberkranz hat der Pfarrer Johann Hinrich Wichern, Gründer der Inneren Mission und berühmter Waisenvater, um 1860 im Rauhen Haus in Hamburg unseren Adventskranz gemacht.

Zuerst hing ein Riesenkranz in seiner Halle, und das beschreibt er in seinen Tagebüchern so: »Und morgen, wißt ihr, was morgen ist? – Morgen ist der 1. Advent! Das ist ein Sonntag. Was ist köstlicher als solch ein stiller Sabbatsmorgen, wenn's draußen trüb ist, aber drinnen sonnenhell, und die Seele denkt Psalmen und kann wie aus goldenem Becher den Frieden Gottes trinken? Nach der Kirche beim ersten Mittagsläuten eilt alles herbei zur Adventsandacht. Im Betsaal ist es Frühling geworden, und von den grün geschmückten Wänden wittert es uns entgegen, wie Weihnachtsahnung aus dem Tannenwald. Und was gucken die Knaben- und Mädchenaugen so lustig zum Kronleuchter empor? Oh, was sie da sehen, kennen sie wohl. Es ist nichts als ein einfacher Kranz, den der Kronleuchter auf seinen Armen trägt, und auf dem Kranze brennt das erste Licht, weil heute der erste Adventstag ist; und kommt ihr morgen, dann brennen schon zwei, und übermorgen drei, und jeden Tag eines mehr. Je mehr Lichter brennen, desto näher rückt Weihnachten und desto froher werden Knaben und Mädchen; und brennt der volle Kranz mit allen vierundzwanzig Lichtern, dann ist er da, der heilige Christ in all seiner Herrlichkeit.«

Später wurde auch im Rauhen Haus nur eine Kerze für jeden Sonntag im Advent angesteckt, und diese Sitte verbreitete sich mit der Zeit in allen deutschen Ländern.

Jeden Tag ein Bildchen aufkleben und Weihnachten rückt immer näher. Richard Ernst Kepler, Der Weihnachtsbaum, um 1915.

Der Adventskalender

Einstmals war Weihnachten ein Fest, das in allen seinen Phasen in der Kirche und von der ganzen Gemeinde gefeiert wurde.

Dann, als Martin Luther mit gutem Instinkt aus der Christgeburt ein familiäres Fest mit Geschenken für die Kinder machte, verlor der Dezember sein Gleichgewicht. Denn das Weihnachtsfest war zwar aufgewertet worden, und alle innigen und sinnigen Familientraditionen begannen damals ihren Zauber auszuüben, aber weil der Geschenktermin vom 6. Dezember, dem Nikolaustag, auf den 24. Dezember verlegt worden war, wurden die vier Adventswochen und das Warten auf den Heiligen Abend besonders den Kindern lang. Denn Feste sind keine zufälligen Erfindungen, sie sind Inseln, die aus dem Einerlei der Zeit herausragen. Und für Kinder, die erst lernen, was der Mensch mit der Zeit meint, sind sie Trauminseln, Atempausen, und die Möglichkeit, Zeit ganz anders zu genießen und zu nutzen. Nicht immer nur aufstehen, Zähne putzen, essen und trinken, Zähne putzen, schlafen gehen, sondern: bis in die Nacht aufbleiben. Andere, schöne Kleider tragen. Mit vielen Menschen zusammensein, die man sonst nie sieht. Dinge dürfen, die sonst nicht gestattet sind. Singen und basteln und sich etwas wünschen.

Ach – wie lange dauert es noch, bis es soweit ist, wie oft muß ich noch aufwachen?

Also wurde Advent, eigentlich zwischen zwei aufwendigen und mit Gaben verbundenen Festen – Nikolaus Anfang Dezember und Dreikönigstag Anfang Januar – die stille Vorbereitung auf das stille Fest der Geburt des Herrn, zu etwas ganz anderem.

Die Adventswochen bekamen, ob geplant oder nicht, der Kinder wegen ein fröh-

Morgen, Kinder, wird's was geben

liches Gesicht. Eigentlich nur bei den Lutherischen, aber die Erfindung war so gut, daß der Kinder Vor- und Weihnachtszeit auch die Ordnung des alten katholischen Kirchenjahres beeinflußte. Und da es ja auf Weihnachten zugeht, das Fest des Schenkens, das auch an die Gaben der Heiligen Drei Könige erinnern soll, haben sich verschiedene Sitten herausgebildet, bei denen mit diesen Gedanken gespielt und gleichzeitig ein Kalender dargestellt wurde.

Fritz Eckle, Variation des Adventskalenders als »Land der Bibel«, München 1965.

In vielen Kirchen stand und steht auch heute wieder eine Krippe, die im Lauf des Advents vollendet wird. Man fügt jeden Tag etwas hinzu: einen Strohhalm für die Krippe, den Ochsen, den Esel, dann die Menschen und die Schafe und zum Schluß das Kind. Um das Kind in der Krippe oder um den Engel dreht sich auch eine Sitte, die vermutlich aus bayerischen Frauenklöstern stammt: Die Nonnen haben aus Papier oder Holz eine Himmelsleiter mit vielen Stufen gesägt oder geschnitten und dazu eine kleine Kinds- oder Engelsgestalt, die man zwischen die Stufen stecken kann. An jedem Morgen konnten die Kinder diese Figur eine Stufe tiefer stecken, sich den Segen und die Erlösung einen Schritt näher holen, und sicher hat sich jede Familie die Kulisse – meist ein Stück als sternenübersäten Nachthimmel bemalte Pappe – um die daran gelehnte Leiter verschönt und bevölkert: mit kleinen Engelsfiguren, die Kerzen tragen, mit ausgesägten und liebevoll bemalten Tieren des Waldes oder mit Bäumen – die Adventsbastelei hat eine lange Tradition.

Diese noch aus dem Evangelium abzuleitende Himmelsleiter hat im vorigen Jahrhundert ihre weltliche Entsprechung gefunden. Zu Beginn des Advents wurde ein Stück leere Pappe, als Wiese oder als Landschaft bemalt, an die Wand gehängt oder auf die Fensterbank gestellt, und jeden Tag klebten die Kinder eine neue kleine Gestalt aus Pappe auf diesen Untergrund. Diese Figuren waren meist von den Eltern gezeichnet oder abgemalt und mußten von den Kindern ausgeschnitten werden: Engel oder Zwerge, Tiere oder Märchengestalten.

Zur Zeit der Wende zum 20. Jahrhundert sind viele Adventssitten nicht mehr an das kirchliche Jahr gebunden gewesen, sondern an das Fest der Familie. Aber die Erwartung blieb:

Wann? Wie oft muß ich noch aufwachen?

So kamen zu den Adventskalendern, bei denen etwas hinzugefügt wurde, all jene, die sichtbar die Wartezeit kürzten: In den Dorf- und Arbeiterhäusern malte der Vater einfach vierundzwanzig weiße Kreidestriche nebeneinander an die Stubentür, vier davon vielleicht rot oder gelb, und an jedem Tag konnte ein Kind einen dieser Kreidestriche auslöschen. Ein Tag weniger.

Thomas Mann erzählt in den »Buddenbrooks« vom selbstgezeichneten Kalender, von dem das Kind jeden Tag ein Blatt abreißen konnte.

Andere Berichte in Tagebüchern oder Romanen aus dieser Zeit erzählen von langen Pappstreifen oder Leporellos, von denen Teile abgeschnitten wurden, oder von Kerzen mit Tageseinteilungen, die abgebrannt wurden, oder von einer großen Uhr aus Pappe, die in vierundzwanzig Tage eingeteilt ist. Oder von kleinen Tüchern, auf die vierundzwanzig Lebküchlein aufgebunden waren, die Tag für Tag abgefuttert werden konnten.

Kindliche Vorfreude auf dem Baden-Badener Weihnachtsmarkt.

In manchen Familien war nicht dieses Abnehme-, sondern das Aufbauprinzip üblich. Das Kind fand an jedem Adventssonntagmorgen etwas neben dem Kopfkissen, und Weihnachten war zum Beispiel eine kleine Engelsmusik aus gedrechselten Holzfiguren vollständig. Ein anderes Jahr waren es zarteste Gebilde aus geblasenem Glas, die die Kinder dann selber in den Weihnachtsbaum hängen durften.

Dieses Glas war ein Industrieprodukt, und im vorigen Jahrhundert sind auch all diese liebevollen, aber oft ungelenken und wackeligen Adventskalender in dem Augenblick von Fabrikware abgelöst worden, in dem das Fest in seine dritte Phase trat:

Kirchenfest, Familienfest, Konsumfest.

Aber der Gedanke der Weihnacht ist stark, und auch wenn alles das, was man zur Erzeugung der Weihnachtsstimmung braucht,

Morgen, Kinder, wird's was geben

käuflich geworden ist, so bleibt die Macht des Festes auch in Industrieprodukten bestehen. Und im Glimmer, der auf die Pappe der Adventskalender gesprüht wird, glitzert der himmlische Glanz.

Der gelernte Buchhändler Gerhard Lang kam auf die Idee, die Adventswelt aus Schnee und Licht und Engeln und Spielzeug und den Gestalten der Krippen und dunkler Nacht und tröstlichem Sternenglanz in großen bunten Bildern einzufangen, auf festen Pappendeckeln zu drucken, vierundzwanzig Fenster einzustanzen und auch auf das Hinterklebepapier vierundzwanzig kleine Bildchen zu drucken, so daß der Adventskalender die Erwartung wie eh und je, aber perfekter reguliert.

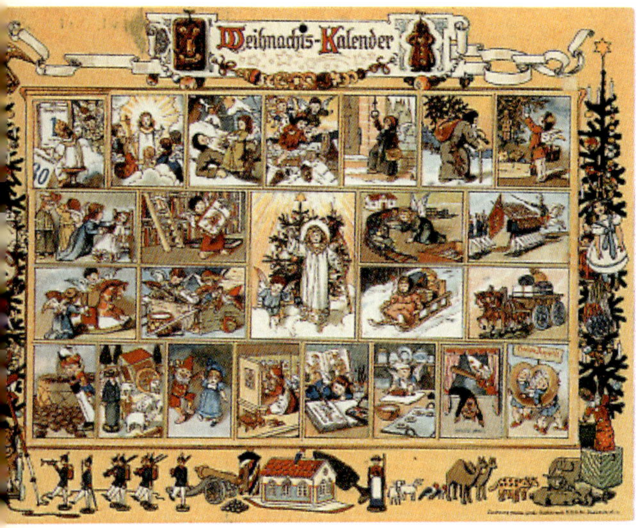

Einer der ersten Adventskalender, Anfang des 20. Jh.

Der Teilhaber der lithographischen Anstalt von Friedrich Reichhold in München brachte 1908 den ersten fabrikmäßig hergestellten Adventskalender auf den Markt. Er hieß damals noch »Weihnachtskalender« und hatte einen Titel: »Im Lande des Christkindes.« Der Verwandlungskalender bestand aus vierundzwanzig Rechtecken mit kleinen Versen in einem weihnachtlichen Rahmen aus Spielsachen und Lebkuchen. Dazu gehörte ein dünneres Blatt mit vierundzwanzig Bildern, die die Kinder ausschneiden mußten, ihre gummierte Rückseite anlecken und Bildchen für Bildchen sorgfältig einkleben. Dreiundzwanzig Bildchen zeigen, wie Engel die Bescherung der Kinder vorbereiten, auf dem vierundzwanzigsten steht das Christkind vorm Weihnachtsbaum.

Dieser Kalender erschien in verschiedenen Variationen fast dreißig Jahre lang, und in diesen Jahren bis zur Zeit des Nationalsozialismus hatten Lang und andere Münchener und süddeutsche Verlage alle Spielarten durchprobiert, alle Prototypen, die nach 1945 eine Verbreitung fanden, wie es sich die Münchner Adventskalender-Väter sicher nicht hätten träumen lassen.

Das waren Kalender, die man zum Haus oder zur Kapelle falten und innen mit einer Kerze erstrahlen lassen konnte; Kalender mit aufklappbaren Fensterchen, die man gern ans Stubenfenster hängte, weil die Bildchen wie ein Transparent leuchteten; Kalender mit Schiebevorrichtung, so daß sich der Winterwald jeden Tag mehr mit Engeln, Tieren und Zwergen bevölkerte; Ausschneidekalender, deren Figuren auf das

anfangs leere Bild vom Heiligen Land, von einem verschneiten Bauernhaus oder einem Weihnachtsmarkt geklebt wurden oder auf die Seiten eines Buches, das wie »Peter und Liesl«, dem zweiten Erfolg von Gerhard Lang, eine ganze Geschichte von Kindern auf der Suche nach dem Christkind erzählte. Im Prospekt der Druckerei von 1938 sind die verschiedenen Kategorien noch einmal versammelt: Abreißkalender mit Albumblättern; Abreißkalender zum Ausschneiden und Kleben; Kalender zum Öffnen und Ausbrechen; Adventslaterne; das Paradiesgärtl; der Adventsbaum, den man aus zwei zweidimensionalen Tannenbäumen zu einem dreidimensionalen zusammenstecken konnte; Tiroler Weihnachtskrippe und »Das Christkind im Walde«, der Schiebekalender.

Dann brach die Zeit an, in der Weihnachten durch das germanische Lichtfest ersetzt werden sollte und es keine Engel Gottes mehr gab.

Aber der Gedanke des Advents hat auch diese Zeit überstanden. »Friede auf Erden« geht nicht nur Christen etwas an. Auch wenn Kindern einst wie jetzt wichtiger ist: »Dreimal werden wir noch wach, heißa, dann ist Weihnachtstag!« – wer heute diesen Kindern zuschaut, wie sie in warmen Zimmern, Kekskrümel an den Lippen, voll Ungeduld die Fensterchen öffnen, denkt vielleicht doch nicht nur an das, was er noch kaufen muß, sondern an das, was er schenken, was er abgeben müßte, damit der Frieden der Welt, der Frieden für Kinder bewahrt bleibt.

Rot und Grün

Christus wurde als Mensch geboren, um die Welt zu erlösen. Das ist der Weihnachts-Satz, und er nennt Anfang und Ende, selige Geburt zwischen Engeln und Hirten; bitterer Tod am Kreuz, auf einem einsamen Hügel.

Alles an den Gedenktagen dieser Geburt soll an beides erinnern, an das Glück, das mit diesem göttlichen Kind begann, und an die Marterschmerzen, die der Gottessohn am Kreuz auf sich nahm, für uns, wie es die Evangelisten geschrieben haben und wie die Christen es glauben und seit Jahrhunderten zu erklären, zu begründen und zu verstehen suchen.

Die Bilder und die Zeichen, die zu Weihnachten gehören, nehmen dieses Unerklärliche hin. Gott ist allmächtig,

Morgen, Kinder, wird's was geben

allgütig und allweise, heißt es im alten Schulkatechismus, er ist dreieinig, Vater und Sohn und Heiliger Geist, er hat die Welt und den Himmel erschaffen, er ist ein Kind in der Wiege, angebetet und geliebt, er ist der Sterbende am Kreuz, von den Menschen verraten und verlassen, und deshalb gehören die dunkle Nacht der Verzweiflung und der Stern, der in ihr aufgeht, zusammen.

Deshalb wird die Stechpalme in das Weihnachtsgrün geflochten, um an die Dornenkrone zu erinnern.

Deshalb gibt die Hausfrau
eine bittere Mandel
an den süßen Kuchenteig,

ein bitteres Kraut an den Weihnachtsbraten, damit wir mitten im Lebensgenuß daran denken, wem wir diese Welt verdanken, wer für uns das Leid dieser Welt bis zum Tode auf sich nahm. Und was auf jeden von uns wartet: der Schmerz des eigenen Todes und das Gericht.

Deshalb gehört das Rot in den Advent. Es ist die Erinnerung an Christi Blut, das er, nicht mehr süßes Wickelkindchen, am Karfreitag für uns vergießen wird. Die rote Schleife im Kranz, die rote Kerze am Baum, das Rot und Grün in allen Dekorationen, die roten Beeren im Strauß aus immergrünen Zweigen – immer wiederholt es sich, immer spricht es von Tod und Auferstehung. Und selbst wenn es etwas so Junges und Profanes ist wie grünes Einwickelpapier und dazu ein rotes Bindeband, eine rote Adventstischdecke mit einem Muster aus grünen Ranken und Tannenzweigen:

Das Grün des Lebens
und das Blutrot des Todes

sind die Farben, die die Advents- und Weihnachtszeit bezeichnen.

Es ist auch das Grün der Erde und das Purpurrot des Königs, so kostbar im Altertum als Farbe aus phönizischen Schnecken, daß es nur den Herrschern zustand. So wie das Blau die Farbe der Madonna wurde, weil die Maler den Lapislazuli, den blauen Edelstein, eigens für sie verrieben und in die Farbpaste mischten, um das Teuerste und Unvergleichliche für den Mantel der Gottesmutter zu haben. Tiefblau wie der Himmel, ehe der Tag aufgeht, blau wie die sanfte Nacht, in der das Kind geboren wurde, das auf den Altargemälden des hohen Mittelalters aus sich selber strahlt. Licht von Licht.

Das Blau und das Grün, aber vor allem das Rot, das königliche Rot des Gemarterten am Kreuz, der Legende nach aus dem Stamm des Paradiesbaumes zusammengeschlagen.

Ein Licht für jeden Tag.
Das Rathaus in Gengenbach
als Adventskalender.

Gengenbacher
ender

Zum Advent

Theodor Fontane
(1819-1898)

THEODOR FONTANE

Noch ist Herbst nicht ganz entflohn,
Aber als Knecht Ruprecht schon
Kommt der Winter hergeschritten,
Und alsbald aus Schnees Mitten
Klingt des Schlittenglöckleins Ton.

Und was jüngst noch, fern und nah,
Bunt auf uns herniedersah,
Weiß sind Türme, Dächer, Zweige,
Und das Jahr geht auf die Neige,
Und das schönste Fest ist da.

Tag du der Geburt des Herrn,
Heute bist du uns noch fern,
Aber Tannen, Engel, Fahnen
lassen uns den Tag schon ahnen,
Und wir sehen schon den Stern.

Nußknacker & Pyramiden

Wie das Spielzeug aus dem Erzgebirge die weihnachtlichen Wohnzimmer eroberte.

Im Gebirge, das zwischen Sachsen und Böhmen liegt, hat man schon früh einen Reichtum an Erzlagerstätten entdeckt, der ihm seinen Namen gab. Mitte des 12. Jahrhunderts, als die großen Dome gebaut wurden, Herrscher wie Albrecht der Bär und Heinrich der Löwe sich den Nimbus von Raubtieren entlehnten, als sich die Ritter Wappen zulegten und die Bürger Familiennamen und das Wort Weihnachten – wihe naht – zum ersten Mal gebraucht wurde, stieß man in jenem Gebirge auf eine silberreiche Erzstufe. Daraufhin wanderten Bergleute aus dem Harz ins Erzgebirge und förderten außer dem Silber Zinn und Nickel, Eisen und Blei. Doch nach siebenhundert Jahren waren die Erzlager erschöpft, und die Bergleute gerieten mit ihren Familien trotz der Hausindustrien, die sich im Laufe der Zeit entwickelt hatten – Spitzenklöppeln, Seidenweberei, Stickerei und Posamentierarbeiten –, in bitterste Not. Sie gehörten zu den Ärmsten im gerade entstandenen Deutschen Reich. Doch das nationale Selbstbewußtsein dieses Reiches fand auch in den Regionen seine Entsprechung. Aus den Feierabendbeschäftigungen der Bergleute entwickelte sich auf der Basis dessen, was man Volkskunst nannte, eine eigenständige Spielzeugindustrie. Wie in allen waldreichen Gebieten hatten die Bergleute immer schon in den freien Stunden geschnitzt und gedrechselt: Tiere des Waldes, Püppchen und Wägelchen, hatten Schafe oder Rehe vom gedrechselten Holzreif geschlagen und einem kurzen dicken Holzstift vorsichtig ringsherum die Späne abgelöst, so daß sich die Holzlocken wie Tannenzweige bauschten.

Vielleicht hat ein Händler aus München oder Prag ein paar dieser Holzspielzeuge für seine Kinder mitgenommen und so die erzgebirgische Kunst weithin bekannt gemacht. Die Armut im frühen 19. Jahrhundert machte aus diesen Familienschnitzereien die einzige Ertragsarbeit. Und weil man nicht erwarten konnte, daß die Kundschaft in die Bergtäler gereist kam, stiegen die Bergleute mit ihren Frauen hinab in die Städte und boten ihre Ware auf dem Dresdner Striezelmarkt an. Diese Holzfiguren paßten nun zu der damaligen Vorliebe für das von den Romantikern

als das Altdeutsche Verehrte, und so fanden die Bergleute ein neues Auskommen, konnten in ihren Häusern bleiben und erfanden sich eine lebendige Welt aus heimischem Holz, zu der auch eine eigene Weihnachts-Szene gehörte, bis heute beliebt und sorgsam gehütet. Ganz aus der eigenen Tradition kamen die Gestalten des gedrechselten Engels und des Bergmanns. Beide halten Kerzen in den Fäusten, und beide gehören zusammen. Bekam eine Familie eine Tochter, so stellte man im Advent den Engel zum Bergmann – für den Sohn – ins Fenster. Beide sollten den Vater unten im tiefen Schacht, sollen uns in der Finsternis des Unglaubens vor Christi Geburt beschützen. Außerdem sah man an der Anzahl der Engel und der Bergleute, wie die Familie allmählich wuchs.

Zu den klassischen Figuren gehörte auch der Nußknacker, von Heinrich Hoffmann als »König Nußknacker« literarisch verewigt. Hoffmann, der gerade mit dem »Struwwelpeter« berühmt geworden war, wollte ein weiteres Bilderbuch für seine Kinder zeichnen und schreiben. Er ging dabei »von der Idee aus, daß die Kinder für eine unsichtbare Zauberwelt schwärmten, ich aber wollte nun dieses Märchen in die ihnen vertraute Spielsachenwelt hineinversetzen. Ich kaufte mir auf einer Reise nach Salzburg allerhand Spielzeug in Nürnberg zu Originalmodellen zusammen, und an der österreichischen Grenze wurde unser Gepäck von dem Zollbeamten visitiert; auf die Frage, ob ich etwas zu verzollen bei mir führe, sagte ich:

*›Möglicherweise, ich habe
einen König im Koffer.‹*

›Wos, an König?‹ fragte mich der Untersuchende; als er ihn aber fand, lachte und bemerkte er: ›Ja, die Majestäten müssen wir holters doch zollfrei passieren lassen!‹«

Nußknacker & Pyramiden

Dieser König nun stammte aus dem Erzgebirge und stellte mit seiner schmucken Uniform tatsächlich einen Monarchen dar, den König von Sachsen, der manchmal ins Erzgebirge zu reisen geruhte, und dem man mit diesem martialischen Nußknacker zu schmeicheln versuchte. Er mußte immer ein strenges Gesicht zeigen, weil er seit jeher der König aller Spielsachen ist und bei ihnen und den Kindern für Ordnung sorgen muß. Die Räuchermännlein gehören ebenfalls zum ältesten Personal der erzgebirgischen weihnachtlichen Holzfiguren. Es war dort Sitte, im Advent eines der Räucherleute aufzustellen.

Ihr Bauch ist hohl,
ihr Mund ein rundes großes Loch.

Stellt man also eine glimmende Räucherkerze in den hohlen Räuchermann, so quillt ihm der Rauch zum Munde hinaus und erfüllte die sicher stickige Stube der Bergleute mit seinem aromatischen Duft.

Die Räucherleute stellen immer Männer aus dem Erzgebirge dar, Förster, Nachtwächter, Waldarbeiter, Polizisten, Imker, auch Spielzeugverkäufer oder Schneemänner.

Zu ihnen gesellen sich die Kurrende-Sänger, kleine, schwarz gekleidete Drechselmännlein, zu denen eine kleine Kirche gehört, in die sie eilen. Das Vorbild ist die Kirche in Seiffen, die aus Dankbarkeit dafür gestiftet wurde, daß das Holzhandwerk den Erzgebirglern neue Verdienstmöglichkeiten gegeben hatte.

Am spektakulärsten sind jedoch die Weihnachtspyramiden, die sich vermutlich im 18. und 19. Jahrhundert aus den sogenannten Dresdner Pyramiden entwickelt haben. Das waren so etwas wie große Klausenbäume, also vier lange grün- oder knitterpapierumwickelte Stangen, so lang wie Bohnenstangen, die nach Art eines Indianerzeltes zusammengelehnt und oben zusammengebunden wurden. Manchmal hatten sie der besseren Haltbarkeit wegen eine Mittelstange, oder sie wurden unten von einem eben-

Weihnachtsparade der Nußknacker.

falls umwickelten Reifen fixiert. Sterne aus Goldpapier und Kerzenhalter in zwei oder drei Etagen vervollständigten das Gebilde, und laut Tagebüchern und Gedichten standen diese Pyramiden nicht nur in Sachsen, sondern auch in Berlin und Umgebung.

Von Daniel Chodowiecki gibt es einen Kupferstich aus dem Jahre 1799, der einen Gabentisch zeigt, ebenfalls wie eine Pyramide aufgebaut. Die Geschenke hängen auf Ständern, sind umgeben von einem mit Kerzen besteckten Holzgestell, dessen Urform wiederum aus dem Barock stammt. In dieser allem Theatralischen zugeneigten Zeit gab es

Trauerpyramiden,
Prozessionspyramiden
und Bildpyramiden,

schlichte Lattengestelle, die mit Erinnerungs- und Heiligenbildern besteckt waren. Aus all diesen Vorbildern, vielleicht auch aus den kunstvoll aufgebauten und mechanisch in Bewegung zu setzenden Schau-Bergwerken, die bei großen Festumzügen präsentiert wurden, arbeiteten die Drechsler und Schnitzer im Erzgebirge mehrstöckige Pyramiden. Auf jeder Ebene fand das Leben statt, Jagd und Bergwerk, Kinderspiel und Musikantenumzug. Entweder entsproß alles einem Paradiesgarten, oder die Christgeburt und die Anbetung fügten sich als höchste und fast schon dem Himmel verwandte Stufe ebenso wie die Gloriaengel und manchmal alle Apostel und Heiligen dieser Pyramiden-Welt ein.

Alle Etagen dieser Wunderpyramiden waren von Öllämpchen –

Wachskerzen wären zu teuer gewesen

– und später, Mitte des 19. Jahrhunderts, von ebenso billigen Paraffin- und Stearin-Kerzen umgeben. Die von den Flämmchen aufsteigende Wärme setzt ein Flügelrad in Bewegung und damit alle Etagenplatten samt ihrem Personal. So wandern die Heiligen Drei Könige mit ihren Rössern, Kamelen und Knechten ununterbrochen auf die heilige Familie zu, und die Hirten auf dem Felde folgen mit ihren Lämmern ebenso emsig dem Engel, der ihnen die Geburt Christi verkündet.

Phantasie und technisches Geschick haben zahllose Pyramiden-Formen aus Holz, Blech und Papier entstehen lassen, mit und ohne Glockengeläut und mechanischer Musik. Manche Pyramiden sind so hoch wie ein echter Tannenbaum, aber weitaus dauerhafter.

Weihnachtspyramide mit Geschenken. Daniel Nikolaus Chodowiecki, Häusliches Fest am Weihnachtsabend, 1799.

Die Möldnersche Weihnachtskrippe

Otfried Preussler

Otfried Preußler (geb. 1923) zählt zu den namhaftesten Kinder- und Jugendbuchautoren deutscher Sprache. Hier beschreibt er das Krippenprunkstück der Familie Möldner, das im Lauf der Jahre und über Generationen hinweg in fleißiger Sonntagsarbeit entstanden ist.

Die Möldnersche Weihnachtskrippe ist ein Tuchmacherkrippl gewesen, bestehend aus einigen hundert Figuren der unterschiedlichsten Größe und Herkunft, jede von ihnen aus mehreren aufeinandergeklebten Lagen Papier oder Pappendeckel herausgeschnitten und bunt bemalt – von Künstlern, welche man nur zum allergeringsten Teile mit Namen gekannt hat, wie beispielsweise den Florian Schäfer aus Reichenberg, oder bei ihrem Spitznamen, wie den Mannlmaler von Oschitz. Es sind ja die weitaus meisten von ihnen gar keine professionellen Maler gewesen, so daß für das Pinseln von Krippenfiguren lediglich ihnen der Sonntag verblieben ist und der Feierabend; auch haben die einen sich besser aufs Malen von Viechern verstanden, die andern auf Sträucher und Bäume, die dritten aufs menschliche Personal, und da hat man natürlich sich untereinander austauschen müssen mit den Figuren, beziehungsweise man hat zum Verkauf sie gebracht, etwa in Reichenberg auf dem Kripplmarkt in der Windgasse unter den Schwarzen Lauben. Dort haben von weit und breit sich die kleinen und großen Krippl-Titsche getroffen, an den vier Sonntagen vor dem Weihnachtsfest, und dann haben sie fachmännisch sich die ausgestellten Figuren betrachtet, und je nachdem, was zu ihren bereits vorhandenen Krippen gepaßt hat, haben sie mit Bedacht dann vielleicht ein paar Stücke hinzuerworben an Engeln und Hirten, an Schafln und Ziegenböcken, da ein Kamel für den Troß der Dreikönige aus dem Morgenland, dort einen Hütejungen, die Flöte blasend, oder ein Bauernweib auf dem Weg nach Jerusalem, welches im Buckelkorb Eier und Butterwecken zu Markte trägt. Nämlich es haben die Tuchmacherkrippln nicht selten aus kleinen Anfängen sich entwickelt gehabt, indem man sie alle Jahre um einige weitere Einzelstücke und Gruppen erweitert hat, sei es im Wege des Zukaufs, sei es durch eigenhändige Produktion mit Pinsel und Farbe – und wenn, wie im Möldnerschen Falle, ein solches Krippl seit mehreren Generationen in der Familie sich befunden und unverminderter Liebe und Wertschätzung sich erfreut hat, so wird man sich nicht verwundern dürfen, wenn es im Lauf der Jahre zu immer bunterer Vielfalt und immer größer werdenden Ausmaßen sich herausgewachsen hat, bis es zu guter Letzt schon beinahe das ganze hintere Drittel der Großen Stube einnimmt. Und wie nun die bethlehemitischen Gäste den Raum betreten, da sehen sie solch eine böhmische Tuchmacherkrippe zum ersten Mal, und der Möldner natürlich ist stolz darauf, wie er merkt, was für Augen sie machen bei ihrem Anblick.

So zündet er extra noch einmal für sie die Kerzen an, welche am vorderen Krippenrand sich befinden, von einer Blendleiste gegen die Zuschauer abgedeckt, so daß sie ihr volles Licht auf die Krippe werfe und diese ausleuchten bis in die fernsten Winkel des Heiligen Landes hinein. Das Heilige Land hat der Möldner wie alle Jahre aus einer Vielzahl von Latten, Leisten und Brettern erstellt gehabt, welche zu weiten Teilen mit Platten von samtenem Moos bedeckt respektive an manchen Stellen mit Stücken von Baumrinde oder Felsenpapier verkleidet sind. Im Vordergrunde befindet sich auf der linken Seite, von einigen hochgewachsenen Palmbäumen überschattet, der Stall von

Bethlehem, welcher das Aussehen eines alten, stark vom Verfall bedrohten Gemäuers hat, mit nur teilweise noch vorhandenem Strohdach und einem großen steinernen Torbogen, welcher auf zwei gottlob noch halbwegs vertrauenerweckenden Pfeilern ruht, wohingegen das übrige Mauerwerk stellenweise beträchtliche Risse und Scharten aufweist. Unter dem Torbogen, über das liebe Jesulein in der Krippe herabgebeugt, kniet selig die Muttergottes und lächelt dem Kindlein zu, welches seinerseits ihr die Arme entgegenstreckt, während der heilige Josef, samt Ochs und Esel sich mehr im Hintergrund haltend, als treuer Hüter und Wächter ihnen zur Seite steht.

Über dem Stalle, zwischen den Wipfeln der Palmbäume, singen und jubilieren, an Zwirnsfäden von der Decke herniedergeschwebt, die Gloria-Engel, von welchen der größte und schönste ein seidenes Band mit der golden prangenden Aufschrift Ehre sey Gott in der Höhe zwischen den ausgebreiteten Armen hält (was, auf die Dauer von jeweils mehreren Wochen, selbst einem Gloria-Engel nicht leichtfallen dürfte, so daß man sich denken kann, wie er vielleicht des Nachts – und wann immer sonst man gerade ihn nicht beobachtet – rasch sich ein bissl Bewegung macht mit den lahmgewordenen Armen, sonst möchten sie bei lebendigem Leibe zuletzt ihm noch abfallen.

Vor dem Stall unten haben zunächst bloß die Anbetungshirten dem lieben Jesulein ihre Huldigung dargebracht; jetzt aber sind die Dreikönige aus dem Morgenland noch hinzugekommen, seit dem Dreikönigstag, wo der Möldner sie pünktlich aus ihrer besonderen Schachtel herausgeholt und ins Moos gesteckt hat, vermittels der auf der Kehrseite ihnen angepappten hölzernen, unten mit einer Spitze versehenen Spreiler, welche auch ihnen, wie allen übrigen Krippenfiguren, den nötigen Halt geben. Und es tragen natürlich die Muttergottes, der heilige Josef, die Könige und ihr Troß samt den Anbetungshirten, welche im unmittelbaren Umkreis des Stalles von Bethlehem sich befinden, lauter Gewänder von biblischen respektive von königlich morgenländischem Zuschnitt; aber je weiter ins Heilige Land hinein man sich umschaut, desto spärlicher werden nicht nur die Palmen dort, währenddem Fichten, Weiden und Föhrenbäume mehr und mehr überhandnehmen in der Landschaft, sondern es ist auch im gleichen Maße die biblische Tracht immer seltener unter den Leuten anzutreffen: Schon bei den Wunderhirten, welchen der Engel des Herrn im Gefilde erscheint, überwiegen die schwarzen Filzhüte mit den breiten Krempen sowie die beim böhmischen Landvolk zu Zeiten von Möldners Großvater üblich gewesenen Männerhosen aus grobem Tuche, welche man, von den Knien abwärts, mit breiten Leinwandstreifen umwickelt oder in dicke wollene Strümpfe hineingesteckt hat. Mit anderen Worten, es nimmt auf der Möldnerschen Krippe (wie überhaupt auf den dortigen Tuchmacherkrippln) das Heilige Land einen rasch immer stärker werdenden böhmischen Einschlag an, während schon bald die biblischen Züge ihm gänzlich abhanden kommen, aus welchem Umstand hinwiederum klar und augenscheinlich hervorgeht, daß seinerzeit, wie wir von jeher vermutet haben, das Heilige Land mit dem Königreich Böhmen in engster Nachbarschaft sich befunden hat…

Weihnachtsbäckerei

Von Lebkuchenmännern und Pfefferkuchenfrauen

Lebkuchen und Honigbrot

Was ist der Geruch von Weihnachten? Tannenduft ganz sicher, aber vielleicht noch überwältigender und unvergeßlicher jene süßwürzige Mischung aus Honig, Zimt und Nelkenpulver, aus Plätzchen, die im Ofen backen, heißer Butter und Vanille, die sich sanft mit allem vermählt.

Die weihnachtliche Kuchenküche also, die, wie es scheint, keinen Anlaß und keinen Grund braucht außer Weihnachten, hat einzelne Bäckereien so beliebt und berühmt werden lassen, daß sich Städte, Klöster und Bäckerfamilien um den Ruhm und die Ehre streiten, diese Printen und jene Busserln erfunden zu haben. Dieser Ruhm kommt der frommen Legende nach den Engeln zu – oder den Hirten auf dem Felde, je nachdem, wie man die Geschichte betrachtet. Denn als sie die Botschaft des Engels vernahmen, sollen die Hirten gerade dabei gewesen sein, sich ihr Nachtmahl zuzubereiten. Sie hatten sich schon das Feuer gemacht, die flachen großen Steine in die Glut gelegt und den Teig für ihre Brote aus Wasser und Mehl geknetet, kräftig geschlagen, zu handtellergroßen Stücken geformt und zum Backen auf die heißen Steine gelegt.

Da erschien der Engel, und sein Glanz mitten in der dunklen Nacht und seine tönenden Worte mitten in der Stille hatten die Hirten erschüttert und alles andere vergessen lassen. Doch als sie im Stall gewesen und dem Kind gehuldigt und Maria vielleicht von der Milch ihrer Schafe geboten hatten, als sie nun, immer noch außer sich, zu ihren Herden zurückwanderten, da knurrte ihnen der Magen, und sie dachten bekümmert: »Ach, was werden wir nur zu essen haben? Es ist doch sicher alles verbrannt!« Aber die Engel hatten über die Brote gewacht, es mußte sich auch ein Hauch von den köstlichen Gewür-

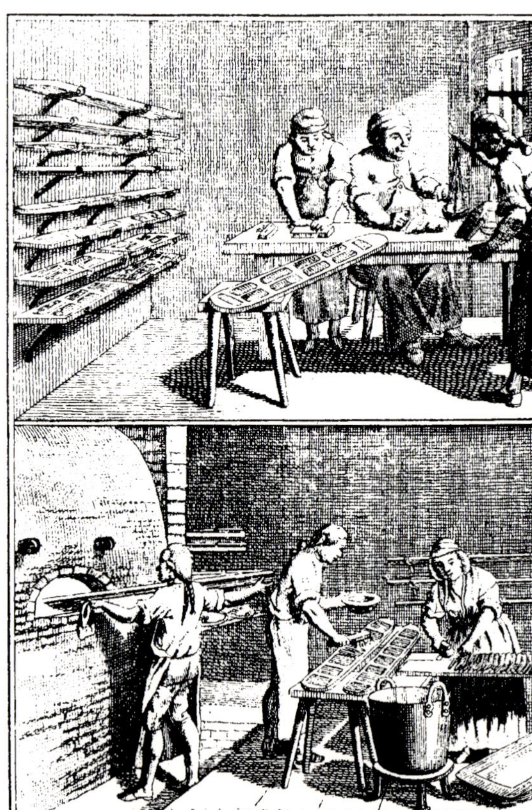

Der Lebküchner.

zen der Drei Weisen in ihre Flügelfedern gesetzt haben, mit denen sie die Glut gefächelt hatten, denn die Fladen waren auf den engelsflügelgekühlten Steinen nicht verbrannt, und sie dufteten dazu so köstlich, wie wir es heute noch kennen. So aßen die Hirten in der Heiligen Nacht die ersten Lebkuchen. Oder Honigkuchen oder Pfefferkuchen, wie man sie nennen will.

Denn im frühen Mittelalter, aus dem die ersten Zeugnisse von unseren Lebkuchen stammen, nannte man die gesamten Gewürze aus dem Orient Pfeffer und bezahlte sie königlich. Und der Honig war zu jener Zeit das einzige Mittel, eine Speise zu süßen. In der biblischen Zeit verkneteten Nomaden zerstampfte Getreidekörner mit dem Honig wilder Waldbienen – noch ohne Gewürze und hilfreiche Engel als Bäckergesellen. Aber unsere Voreltern werden gemerkt haben, daß der Honig nicht nur süßt, sondern auch den Fladenteig angenehm verändert und mürber macht. So wurde der Honigkuchen eine beliebte Speise, wurde ein Basisgebäck, und in den ersten rezeptähnlichen Notaten der Klöster bezeichneten ihn die Schreib- und Backkundigen einfach als libum, was generell Fladen oder Kuchen bedeutet. In dem Maße, in dem das Klosterlatein zu Küchendeutsch verschliß, wurde aus dem libum oder lebum der Lebkuchen – vielleicht der älteste Pleonasmus unserer Sprache, zumindest der Weihnachtsvokabeln. Auch wer diesen Honigfladen, der zum ersten Mal im 11. Jahrhundert im Kloster Tegernsee bezeugt wurde, gebacken hat, verrät uns die Sprache:

Nonnenbrot, Nonnenkräpflein
oder Thorner Kathrinchen.

In Klöstern also pflegte man dieses Gebäck herzustellen, das eng mit der Kunst des Menschen zusammenhing, sich die Bienen zu zähmen und Honig für die Küche und Wachs für die Kirchenkerzen zu gewinnen. Noch gab es große Wälder und weite Heiden, und im Reichswald bei Nürnberg sorgten die Zeidler für eine erste Blüte der Waldbienenzucht. Sie höhlten alte Bäume zu Bienenstöcken aus und zahlten die Pacht in Honig und vor allem in Wachs für den Kaiser, den Adel und die Geistlichkeit, die in

Weihnachtsbäckerei

ihren Domen, Palästen und Schlössern lieber edle duftende Wachskerzen als rußige Funzeln brennen ließen. Noch Maria Theresia gewährte den Bienenzüchtern Steuerfreiheit und das Recht, ihre Stöcke auch auf fremdem Boden, insbesondere auf Heidefeldern aufzustellen. Die ebenso reichsunmittelbare und freie Stadt Nürnberg lag zudem an den alten Handelsstraßen von Venedig über die Alpen. Sie war Umschlagplatz von Gewürzen und schickte die Lebkuchen ins übrige Reich, bis nach Thorn und Danzig. Denn Lebkuchen dienten damals als Grundnahrungsmittel, waren in einfacher Form tägliche Zehrung und, zerbröselt, Dickungsmittel der Suppen und Breie. Mit bestimmten Kräutern und einheimischen Gewürzen aus den Klostergärten angereichert, stellten sie ein beliebtes Heilmittel dar. In ihrer reicheren Form dagegen, samt Konfekt, Marzipan und Früchten, waren sie fester Bestandteil der Nachspeisen.

Jan Steen, Das St. Niklasfest, 17. Jahrhundert.

Mit diesen Lebkuchen wurde der übliche Luxus getrieben. Sie wurden reich mit Mandeln und Nüssen versehen und schließlich vergoldet, so daß man von ihnen weiß, weil sie der Chronist staunend und neidisch beschrieb, und die löbliche Obrigkeit, weltlich oder geistlich, alle naslang als

sündhaftes Teufelszeug

verboten hat. Das hat aber niemanden davon abgehalten, seine Krönung, seine Hochzeit, auch einen Friedensschluß oder ein Totenmahl mit Lebkuchen zu versüßen. Die Zunft der Lebküchler oder Lebzeltner genoß hohe Achtung – bis sich alles änderte, weil die beginnende Holzwirtschaft die Zeidler aus den einst wilden tiefen Wäldern vertrieb, und außerdem das Zuckerrohr, das Kolumbus aus seinem neuentdeckten Kontinent mitnahm und probeweise auf den Kanarischen Inseln anbauen ließ, nach entsprechender Zeit und Verarbeitung zu Zuckerhüten als Kanarizucker nach Europa kam.

So wurde der Honig verdrängt, und der Zucker gab den Lebzeltenteigen eine vollkommen andere Konsistenz, ließ den Teig laufen, so daß neue Rezepte, neue Backmethoden entwickelt werden mußten. Jetzt entfaltete sich der Reichtum der köstlichen kleinen Gebäckarten, jetzt setzte man den weichen Lebkuchenteig auf Oblaten, damit er nicht klebte und vor allem während des Backens von unten geschützt war und so weich und saftig blieb, wie man es bis heute gerne hat. Jetzt mußte auch etwas gegen die auseinandergelaufenen Konturen von Bischof und Stern, Schimmel und Rittern unternommen werden. Doch ein unbekanntes Backgenie erfand den Zuckerguß, und es begann ein großes Bemalen und Dekorieren.

Lebkuchen waren immer die auch in der Fastenzeit erlaubte Speise. Das machte sie im Advent ebenso heimisch wie die praktische Tatsache, daß die Herstellung der nuß- und mandelreichen Lebkuchen eher an die winterliche Jahreszeit gebunden war, nach der Nußernte, wenn die Kerne süß und noch nicht durch langes Lagern ranzig geworden sind. Denn das, was heute Oblatenlebkuchen genannt wird, war und ist keine Dauerbackware. Der einfache Teig aber, der auch heute nur aus Honig, Zucker, Roggenmehl und Gewürzen gebacken wird, gewann im 19. Jahrhundert eine neue Bedeutung. Er läßt sich gut und einfach in Platten backen und dann mit einem spitzen Messer zu allen gewünschten Figuren ausschneiden und verzieren. So wurden diese braunen Planken zum Baustein der Häuser, von denen manch ein Kind sehnsüchtig träumt: Knusperhäuschen, Pfefferkuchenhaus. Eine Oper hat ihm Modell gestanden: das Hexenhaus aus Engelbert Humperdincks »Hänsel und Gretel«, 1893 uraufgeführt und als Weihnachtsstück immer wieder beliebt. Ebenso beliebt wie das Knusperhäuschen.

Printenmodeln, angefertigt nach älteren Vorlagen, um 1920.

Model und Oblaten

Das Festliche soll schön sein, und was verdient mehr irdische Schönheit als das Fest der Christgeburt? Schön soll die Stube sein und schön der Tisch, schön aber auch das, was man auftischt. Schön und so schmackhaft wie sonst an keinem Tag des Jahres – Ostern vielleicht ausgenommen.

Da wären wir also wieder beim Gebäck, das etwas darstellen soll. Es ist aber nicht einfach, Figuren aus Teig zu formen. Beim Backen kann sich das Gebild verformen,

und da das Gestalten- oder Gebildbrot in den Mittwinterfesten der Germanen als Opfer dargebracht wurde, mußten Hahn und Henne, Hirsch und Eber deutlich zu erkennen sein, damit die Götter auch wahrnehmen konnten, was ihnen geboten wurde. Teig, der sich beim Backen nicht verformen soll, wurde schon in vorchristlicher Zeit in Model gedrückt. Das haben die Leute am Nil und am Indus gemacht, auch im Zweistromland, wo das Paradies gelegen haben soll. Dort gab es Ton für Formen, und die gebrannten Tonmodel zeigten Sterne und Kreise. Tiere, Menschen und ganze Geschichten gruben die Griechen in der Antike in Model für ihre Kultgebäcke. Die Römer haben diese Sitte übernommen, und so kam sie mit dem Christentum über die Alpen, wo der Werkstoff Holz wurde und sich die Formen immer mehr verfeinerten.

Die Model wurden aus Eichen- und Kernobstholz von den Lebküchnern selbst geschnitten,

oder man gab sie den Bildschnitzern oder den Steinmetzen aus den Dombauhütten in Auftrag, die oft die Statuetten und Gemälde in den Kirchen als Vorbild nahmen und manchmal Granit als Werkstoff für die Model benutzten. Patrizier liebten es, ihr Wappen als Vorbild nehmen zu lassen, und am Nikolaustag wurde oft ein lebensgroßer Heiliger im Model gebacken, schön vergoldet, an die Kirchenwand gelehnt und nach der Festmesse an die Kinder verteilt. Besonders schöne Model mit Engeln und Blütengirlanden und Stadtansichten wurden für das Marzipan geschnitten und rechteckige Model für den festen Knetteig für Spekulatius oder den Eierzucker für Springerle.

Fest wie Stein werden die Springerle,

wenn man für den Teig Puderzucker nimmt. Sie brauchen Wochen, um mürb zu werden, sind also ideal für den Baumschmuck. Man kann sie mit einigem Geschick mit Back- und Speisefarben bilderbuchbunt bemalen.

Heutzutage kann man es sich noch leichter machen und Hahn und Schimmel und Weihnachtsmann, die alten Macht- und Fruchtbarkeitsgestalten und den jungen Gabenbringer in Blechformen backen, die aus den Modeln entwickelt worden sind. Diese Backformen sind

praktische Industrieprodukte, man fettet sie sorgfältig aus, damit der Teig an keiner Stelle haften bleiben kann, füllt sie mit beliebigem Rührteig oder Biskuitteig zur einen Hälfte, verschließt die Form und backt sie je nach Größe eine knappe oder eine gute Stunde. Die fertige Figur zeigt ein sehr schönes Relief, und es reicht, wenn man Mann oder Roß mit Puderzucker überstäubt. Doch ist den weihnachtlichen Einfällen keine Grenze gesetzt. Man kann in mehreren Schälchen Zuckerguß in verschiedenen Farben anrühren und dem Weihnachtsmann einen roten Rock und den schneeweißen Bart geben oder dem Schimmel auf den Zuckerguß einen Sattel aus kostbaren Liebesperlen kleben. Unter dem Zuckerguß bleibt der Teig außerdem länger saftig und schmackhaft. Diese Dekorationsarbeit ist freilich langwierig, ob das Gebäck nun zwei- oder dreidimensional ist. Deshalb wurde etwas erfunden, das so flach war wie die Teigoblate, auf der man heute noch die Elisenlebkuchen backt, das nun aber nicht als Unterlage, sondern als Bedeckung gedacht und dennoch mit demselben Namen bezeichnet wurde: Oblaten, Lackbilder, Glanzbilder – wie man die bunten ausgestanzten Papierbildchen auch nennt, sie sind Kinder des frühen Industriezeitalters und haben ursprünglich den Kuchen- und Lebzeltenbäckern die Arbeit des Dekorierens leichter gemacht.

Wie das bewerkstelligt werden konnte, erfuhren die Bäcker ab 1860, nachdem nämlich die Oblaten erfunden waren und massenweise in dem damals neuen lithographischen Verfahren gedruckt werden konnten. Nun ging die Arbeit im Fluge:

Lebkuchen mit Zuckerwasser bepinseln, Oblate drauf, fertig ist der Weihnachtsmann!

Kein Wunder, daß diese Oblaten rasch Erfolg hatten. Man klebte sie auch auf Pappe, manchmal von beiden Seiten, und da die Oblaten ein leichtes Relief haben, konnte man so die schönsten Engel und Rosen, Sonnen und Sterne, Glocken und anderes an den Weihnachtsbaum hängen. Bis in unser Jahrhundert hinein brachte auch der Oblaten-Weihnachtsmann den braven Buben »Trommel und Gewehr«, und wenn das alles aufs Schönste sein sollte, fuhr man einmal mit dem Leimpinsel darüber und überstäubte die Oblatenfiguren mit Glimmer.

Kringel, Roß und Pflasterstein

Das liebliche Kind in der Krippe, das sich später am Kreuz für die ganze Menschheit opferte, hat eine ganze Reihe von gewalttätigen Sonnen-, Nacht- und Nebelgöttern abgelöst, denen die Menschen in Furcht und Grausen alles versprachen und opferten, von dem sie meinten, es stillte der Götter blinde Wut. Sol, der Sonnengott, konnte die Frucht ihrer kärglichen Felder versengen, konnte das ganze Land verdorren lassen, so wie die Götter des Nordens mit Sturm und Eis, mit Wasserfluten und Schneelawinen die Hütten und Werke der Menschen zu zerstören liebten.

Unbegreiflich die Götter,

unberechenbar und ebenso imstande, aus dem reißenden Wasser wohltätige Ackernahrung und aus der mörderischen Glut lindes Licht und segensreiche Wärme zu machen, die alles Grüne reifen läßt.

So hat man geopfert, überall auf der Welt. Man hat dem sterbenden Lichtgott Brote geboten, damit er nicht vergißt, neues Brotgetreide gedeihen zu lassen. Man hat die Windsbraut, der die Stürme aus den flatternden Haaren brausten, mit dicken Zöpfen beschworen, mit den gefesselten Strähnen und dem gebannten Orkan. Wer weiß, ob das Opfer ursprünglich ein lebendiges Haar samt dem Menschen gewesen ist oder ein abgeschnittener Zopf. Der Striezel, der gebackene Zopf aus drei oder dreimal drei Teigsträngen kann das Symbol sein, das in späteren Zeiten von den Erinnerungen an die alten Totenfeiern übriggeblieben ist. Es gibt in vielen Gegenden Brauchtumsgebäck, in dem der Haarknoten durch eine Teigrolle nachgeahmt wird, so wie der Hefekranz einen verschlungenen Zopf darstellt, rund und endlos wie der Jahreskreis, rund und endlos wie die Treue der Freunde und der Nachbarn, fest und endlos wie Gottes Güte und Treue zu uns. Diese unauflösliche Form des Kreises wiederholt sich im Kringel, in jedem Kränzchen aus Mürbteig oder Schokolade der Fondant, das heute im Tannenbaum hängt oder im Knusperteller darauf wartet, zerbissen zu werden. Das ist der Kreis der Ewigkeit, der Ring, vielleicht der Reif aus Gold, der bei den Totenopfern den Haarkranz ersetzte und

Weihnachtsbäckerei

der dann aus Teig gebacken wurde, Ersatz wiederum des kostbaren Goldes, das man dann nicht mit den Toten unter die Erde bringen mußte. Die Brezel ist der doppelte Ring. Sie war nach den alten Zunftvorschriften ebenso wie das weiße und das schwarze Brot Bäckergebäck, hat aber in den Klöstern vermutlich ihre Form, sicher aber den lateinischen Namen erhalten:

bracchium, der Ast und der Arm,

der Unterarm. Daraus wurde brezel, und sie stellt die zum Gebet übereinandergeschlagenen und in die Kuttenärmel gesteckten Arme der Klosterbrüder dar. Eine Brezel sieht aber auch wie eine Acht aus, das ist – auch das mathematische – Zeichen für Unendlichkeit. Die Tiere auf dem heutigen Knusperteller gehen wohl ebenso auf Tieropfer zurück, oft auch schon auf die unblutigen, die in der antiken und in der nordischen Saga-Literatur erwähnt werden: Gebildbrote in Form von Rind und Schwein, Hirsch und Vogel. Das Schwein ist Odins Eber, die Vögel sind Seelenvögel, Hirsch oder Odins Schimmel werden zum Roß, auf dem der heilige Nikolaus ins Land reitet, und sein Segelschiff, mit dem er von weit her gefahren kam, trägt manchmal auch die Gottesmutter. Und als man nicht mehr wußte, was Thors Hammer für einen Sinn hatte, mißverstand man die Form als plumpen Planwagen, aus dem wiederum im Rokoko eine elegante Pferdekutsche wurde. Odin oder Wotan selbst soll das Modell für den Lebkuchen-Nikolaus oder -Weihnachtsmann gewesen sein. Die Männerfigur, streng symmetrisch geformt, stellt das Jahr dar, und meist ist sie genau in der Mitte durch einen Teigstrang oder eine mitgebackene weiße Tonpfeife in die beiden Hälften des Jahres geteilt, in die aufsteigende und die hinabführende. Manche Jahresmännlein tragen als Weihnachtsmann einen langen, schmalen Tannenbaum auf der Mittelachse.

Auch der Stern hat eine so alte Verwandlungsgeschichte. Er ist wohl aus dem Sonnenrad entstanden. Das wurde aus einer großen und mehreren kleinen Schnecken gebacken, die man fest an die große drückte und deren Zipfel wie Strahlen von dieser Teigsonne abstanden. Wenn man diese Form vereinfacht, hat man den Stern, den von Bethlehem, und der Bogen seines Schweifes deutet wie eine aufschnellende Spirale auf die Urbewegung, auf die ungeheure Kraft des immer wieder aufspringenden Lebens hin. Das sind mächtige Erinnerungen und Bilder. Es gibt aber auch ganz eindeutige fromme Formen: die Pflastersteine zum Beispiel, kugelige Lebküchlein, dick mit

weißem Zuckerguß bezogen, sind nichts als das, was sie sind und sollen nur an die tödlichen Brocken erinnern, mit denen der Heilige Stephanus gesteinigt worden ist. Ochs und Esel, Engel und Stern, Hirsch und Heiliger, Vogel und Pferd – jedes hat seine Geschichte, jedes kommt von weither und trifft sich im Licht der Krippe. Es ist die ganze Schöpfung, die sich dort versammelt.

Und wer bei ihrem Anblick
sein Marzipanherz langsam
und genüßlich zerbeißt,

kann daran denken, was alles geschehen ist, seitdem man auf Glaube, Hoffnung und Liebe vertraute und sich ihre Zeichen – Kreuz, Anker und Herz – in vielerlei Form als stetige Mahnung vor Augen hielt. Und auch zu Munde führte.

Der verliebte Pfefferkuchen

Sehr einfühlsam schildert Manfred Kyber (1880-1933) die süße, aber über ihre ersten Ansätze nicht hinausgehende Liebe zwischen einem Pfefferkuchenmann und einer Pfefferkuchenfrau.

MANFRED KYBER

Die vielen Pfefferkuchen, die zur Weihnacht in die Welt wandern, leben vorher alle in der Pfefferkuchenstadt im Märchenlande. Diese Stadt besteht aus lauter Pfefferkuchenhäusern, und in ihnen wohnen Pfefferkuchenmänner, Pfefferkuchenfrauen und Pfefferkuchenkinder, und dort werden sie auch alle geboren. Das heißt, sie werden eigentlich nicht geboren, sondern gebacken, und das ist immerhin ein kleiner Unterschied. Denn bei der Geburt waltet die Natur nach ihren weisen Gesetzen, und es entstehen kunstvolle und regelmäßige Gebilde, während das Backblech über keinerlei geheimnisvolle Kräfte verfügt, so daß auf ihm die sonderbarsten Geschöpfe zutage treten. Ein aufgequollener Magen, zerflossene Beine, verschrumpfte Arme und ähnliche Abnormitäten sind unvermeidlich und werden von den Pfefferkuchenleuten ergeben und freundlich als eine Schickung betrachtet, die ihrer Familie eigentümlich ist. Nur wird sehr achtsam darauf gesehen, daß die Augen aus süßen Mandeln hübsch im Kopfe sitzen und die Rosinen und Korinthen im Leibe gleichmäßig verteilt sind. Auch dürfen die kleinen Kinder nicht zu knusprig und nicht zu hell sein, nicht zu hart und nicht zu weich und müssen eine angenehme braune Farbe haben. Beiläufig bemerkt, sollen die Rosinen nicht in den Kopf geraten, denn das hat schon wiederholt, und nicht nur bei Pfefferkuchen, zu unerquicklichen Begebenheiten geführt.

Zimt

Das Backen der Pfefferkuchenkinder besorgen alte und sehr erfahrene Pfefferkuchenfrauen, sie kneten den Teig mit Andacht, mischen Nelken, Kardamom, Ingwer und Zimt darunter und formen kleine Pfefferkuchenleute daraus. Dann setzen sie ihnen süße Mandeln als Augen ein, drücken Rosinen und Korinthen in Magen, Arme und Beine und schieben die kleinen Pfefferkuchenkinder mit heißen Segenswünschen in den Backofen. Wenn aber die kleinen Pfefferkuchenkinder ausgebacken sind, werden sie in der ganzen Stadt verteilt und mit Korinthen großgezogen. Natürlich kommen sie alle ein wenig verändert aus dem Ofen, bei dem einen ist der Magen aufgequollen, bei dem anderen sind die Arme verschrumpft oder die Beine zerflossen. Aber das ist unvermeidlich und wird von den Pfefferkuchenleuten als Schickung betrachtet, die ihrer Familie eigentümlich ist. Denn sie werden nun einmal nicht geboren, sondern gebacken.

Aber sie werden einzig und allein nur in der Pfefferkuchenstadt im Märchenland und nur von alten, erfahrenen Pfefferkuchenfrauen gebacken, nicht etwa bei uns, wie das immer noch manche Menschen behaupten. Das ist eine ganz irrtümliche Auffassung, die nicht scharf genug bekämpft werden kann. Es mag vielleicht hier und da einmal zutreffen, daß kleine Pfefferkuchen auch bei uns gebacken werden, aber die sind dann etwas ganz anderes. Die richtigen Weihnachtspfefferkuchen, die ein Gesicht und Arme und Beine haben, werden alle in der Pfefferkuchenstadt gebacken, und wenn sie einmal zufällig bei uns aus dem Backofen kommen, so sind sie eben auf diesem Wege aus dem Märchenlande hereinspaziert. Zu Weihnachten wandern die Pfefferkuchenleute in großen Scharen auf die Erde, zu einer ganz bestimmten Stunde. Die Stunde werde ich aber nicht sagen. Sonst würden alle neugierigen Leute aufpassen und sich hinstellen, um zuzusehen. Das würde die Pfefferkuchenleute stören, und sie kämen am Ende überhaupt nicht mehr auf die Erde. Was aber wäre Weihnachten ohne Pfefferkuchen?

Es ist freilich wahr, daß auch außerhalb der Weihnachtszeit Pfefferkuchen zu haben sind, aber diese werden von ihrer Familie gering geachtet und gelten als Abenteurer. Die richtigen Pfefferkuchenleute wandern alle zu Weihnachten auf die Erde, um sich an den Tannenbaum mit den brennenden Kerzen zu hängen und von den Menschen gegessen zu werden. Denn das ist ihre Bestimmung, und zwar wollen sie von Menschen und nicht von Mäusen verspeist werden. Warum, weiß ich nicht, und mir erscheint es etwas einseitig, denn den Mäusen schmeckt es genauso gut wie uns, und sie wollen auch ihre Weihnacht feiern. Es ist das wohl nur eine törichte Etikettefrage, aber die Pfefferkuchenleute sind darin sehr eigensinnig, so daß die Mäuse sie nur ganz ausnahmsweise erwischen, wenn mal ein Pfefferkuchen nicht aufgepaßt hat und vom Tannenbaum heruntergefallen ist. Das hat dann seine besonderen Gründe, und von einer solchen Geschichte will ich erzählen.

Es war nämlich einmal unter den vielen Pfefferkuchenleuten, die zur Weihnacht in die Welt gewandert waren, ein Pfefferkuchenmann dabei, der süße Mandelaugen und viele Korinthen im Leibe hatte, aber auch leider eine große und dicke Rosine im Kopf. Es ist gar nicht gut, wenn jemand Rosinen im Kopf hat, und bei einem gewöhnlichen Pfefferkuchen ist es sogar recht bedenklich. So dachte der Pfefferkuchenmann, daß er etwas ganz Besonderes wäre und darum auch etwas ganz Besonderes erleben müsse, etwas ganz und gar nicht Pfefferkuchenmäßiges, und das dachte er immer wieder, als er am Weihnachtsbaum hing und die Kerzen über und unter ihm brannten und der goldene Stern auf der Spitze der grünen Tanne auf ihn und alle anderen herabschaute.

Als nun die letzte Kerze am Weihnachtsbaum erloschen war und die Menschen schlafen gegangen waren, da guckte der Pfefferkuchenmann um sich und sah, daß neben ihm eine Pfefferkuchenfrau hing, freundlich und angenehm, bloß mit ein wenig zerflossenen Füßen. In der blauen Dämmerung der Weihnacht aber leuchtete der goldene Stern auf der Tanne. Nun ist es unter den Pfefferkuchenleuten Sitte, daß sie in blauer Dämmerung, wenn die letzte Kerze erloschen ist, sich gerne küssen, wenn sie sich erreichen können. Wenn sie sich aber nicht erreichen können, dann küssen sie sich nicht. Darin ist es bei den Pfefferkuchen genauso wie bei den Menschen.

Trotzdem nun der Pfefferkuchenmann eine große und dicke Rosine im Kopf hatte und eigentlich etwas Besonderes erwartete, überkam ihn jedoch beim Anblick der Pfefferkuchenfrau ein sehr angenehmes Gefühl, wie von Honig, Sirup und Zucker. »Oh«, sagte der Pfefferkuchenmann zur Pfefferkuchenfrau und seufzte. »Ach«, sagte die Pfefferkuchenfrau zum Pfefferkuchenmann und seufzte auch. So beginnen ja die meisten Gespräche über die Liebe. Und da sich die beiden erreichen konnten, so neigten sie sich zueinander und hätten sich beinahe geküßt,

Der verliebte Pfefferkuchen

als die Pfefferkuchenfrau plötzlich etwas bemerkte, was eine Pfefferkuchenfrau durchaus nicht leiden kann.

»Sieh bloß die Tänzerin dort an«, rief sie entrüstet, »ist es nicht ein Skandal, wie sie mit den Beinen schlenkert?!« Die Pfefferkuchenfrau hätte besser daran getan, den Mund zu halten, aber das kann keine Frau in einem solchen Falle, ganz gleich, ob sie ein Pfefferkuchen ist oder nicht.

Der Pfefferkuchenmann sah nach der anderen Seite. Dort wiegte sich eine kleine Tänzerin auf dem Tannenast mit schlanken, auf Draht gezogenen Armen und Beinen und mit einem Kleidchen von rotem Seidenpapier. Bei jedem leisen Luftzug drehte sie sich hin und her, wie das so leichte Personen begreiflicherweise tun müssen, und tatsächlich: Sie schlenkerte mit den Beinen und wippte bei jeder Bewegung mit dem bunten Rocksaum. Sie war eben aus Papier. Dem Pfefferkuchenmann traten die Korinthen förmlich aus dem Leibe vor lauter Wonne, und seine süßen Mandelaugen verrutschten völlig nach der Seite der kleinen Tänzerin. »Das ist das Besondere«, sagte er, »und ich bin ja auch etwas Besonderes. Das ist etwas anderes als die Pfefferkuchenfrau mit den zerflossenen Füßen.« Und die große, dicke Rosine in seinem Kopfe schwoll und schwoll.

»So etwas sollte verboten werden«, sagte die Pfefferkuchenfrau, »das ist eine leichtsinnige Person, und sie gehört nicht auf den Tannenbaum. Der goldene Stern dort oben sollte das nicht dulden. Er ist hier die Polizei.« Der goldene Stern auf der Spitze des Tannenbaumes aber war keine Polizei. Er schaute auf die fetten Pfefferkuchenleute mit den zerflossenen Beinen, auf die erloschenen Kerzen und auf die kleine Tänzerin aus Papier mit der gleichen Geduld und Güte. Denn es war der Stern der Heiligen Nacht, und er hatte schon viele Kerzen brennen und viele Kerzen erlöschen sehen. Der Pfefferkuchenmann drehte die süßen Mandelaugen immer mehr und mehr nach der kleinen Tänzerin.

»Ich liebe Sie! Oh!« sagte er und hatte jetzt Gefühle in seinem ganzen Teig, gegen die Honig, Sirup und Zucker gar nichts mehr waren.

Doch wenn der Pfefferkuchenmann auch noch so süße Mandelaugen machte und »Oh!« sagte, die kleine Tänzerin sagte noch lange nicht »Ach!« dazu, denn sie war ganz und gar keine Pfefferkuchenfrau. Sie drehte sich im leisen Luftzug hin und her, einem Luftzug, durch den ein Pfefferkuchen sich nie und nimmer bewegt hätte, sie schlenkerte mit den Beinen und wippte mit dem bunten Rocksaum dazu, aber »Ach!« sagte sie nicht. Sie war eben aus Papier. Als die Pfefferkuchenfrau sah, daß der Pfefferkuchenmann sich von ihr abgewandt hatte und nur noch mit verrutschten Mandelaugen nach der papiernen Tänzerin sah, da weinte sie zwei dicke Tränen von Zimt aus ihren Mandelaugen, und das will schon etwas heißen.

Aber mit dem Pfefferkuchenmann geschah etwas sehr Sonderbares. Seine Mandelaugen waren so verrutscht, daß er sie gar nicht mehr zurückwenden konnte, sondern nur immer die kleine Tänzerin anstarren mußte, und die große Rosine in seinem Kopf war so geschwollen, daß er nichts anderes mehr denken und fühlen konnte als buntes Papier, und das ist selbst für einen Pfefferkuchen ein bißchen dürftig. Wenn einem aber die Rosinen im Kopfe schwel-

Kardamom

len und die Augen verrutschen, so paßt man nicht mehr auf sich selber auf, und so fiel der Pfefferkuchenmann mit einem Male vom Tannenbaum herunter auf die Diele, und dort verspeisten ihn die Mäuse. Die Mäuse wollten auch Weihnacht feiern, und man konnte ihnen das wohl gönnen. Aber vom Pfefferkuchenstandpunkt aus war das Ende gegen die Etikette, und für jeden, der ein richtiger Pfefferkuchen ist, ist die Etikette der Pfefferkuchen etwas sehr Wichtiges.

»Es sind zuviel Nelken darin«, sagte die eine Maus und knusperte, »aber sonst ist er vorzüglich.« »Es ist zuwenig Ingwer dabei«, meinte die andere Maus und knabberte, »aber sonst ist er ausgezeichnet.« Die dritte Maus sagte gar nichts. Aber sie verspeiste mit Appetit die große, dicke Rosine, die der Pfefferkuchenmann im Kopf gehabt hatte.

Ingwer

»Pfui«, sagte die Pfefferkuchenfrau und weinte keine einzige Träne von Zimt mehr, »das ist ja gegen alle Etikette!«

Daß man sie nicht geküßt hat, kann eine Pfefferkuchenfrau vergessen, aber ein Ende gegen die Etikette ist ihr etwas Scheußliches, und so denken alle wirklichen Pfefferkuchenleute auf dieser Erde.

»Pfui«, sagte sie noch einmal und warf sich einem fetten Pfefferkuchenmann an den Hals, der einen gequollenen Bauch hatte, aber dafür auch keine Rosinen im Kopf, sondern ganz gewöhnlichen Teig – und er nahm sie in seine zerflossenen und soliden Arme. Nachher aber sind sie beide von Menschen verspeist worden und nicht von Mäusen, und das war in der Ordnung und nach der Etikette der Pfefferkuchen.

Was aus der kleinen Tänzerin geworden ist, weiß ich nicht. Wahrscheinlich endete sie auf dem Kehrichthaufen, denn das tun die meisten von ihnen, wenn sie nur aus Papier sind. Natürlich wird sich vorher noch mancher Pfefferkuchenmann die süßen Mandelaugen nach ihr verrutscht haben und wird schließlich von Mäusen gegessen worden sein, ganz gegen die Etikette.

Von allen blieb nur der goldene Stern auf der Spitze des Tannenbaumes übrig, denn der ist unvergänglich und kündet, daß es Weihnacht auf der Erde werden soll. Und er schaut auf Menschen und Mäuse, auf die fetten Pfefferkuchen und die kleine Tänzerin, auf die großen Rosinen im Kopf, die süßen Mandelaugen und auf den Kehrichthaufen mit der gleichen Geduld und Güte. Denn es ist der Stern der Heiligen Nacht, und er hat schon viele Kerzen brennen und viele Kerzen erlöschen sehen.

Alles andere wechselt und bleibt sich doch immer gleich. Es kommt wieder und es geht wieder – und besonders die verliebten Pfefferkuchenleute sind etwas sehr Alltägliches. Nur dürfen sie sich nicht nach den kleinen Tänzerinnen aus Seidenpapier die süßen Mandelaugen verrutschen und müssen auch nicht Rosinen, sondern ganz gewöhnlichen Teig im Kopfe haben – und der gewöhnliche Teig im Kopf soll überhaupt für eine jede Pfefferkuchenliebe das Allerbeste sein.

Süße Adventszeit

Von der Geschlechtsumwandlung der Stolle und den luxuriösesten Süßspeisen der damaligen Zeit.

Die Weihnachtsstolle

Bei dem Wort Stolle denkt sicher jeder an Weihnachten, und damit hat er recht. Wer die Stolle jedoch lediglich für ein Gebäck hält, der irrt. Denn dieses Ergebnis langwierigen Frauenfleißes ist von Anfang an ein Sinnbild gewesen, das in seiner langen Geschichte immer neue Bedeutungen dazugewonnen hat, so wie auf die fertige Stolle immer neue Puderzuckerschichten schneien, bis sie rund und dick und strahlend weiß auf dem Backbrett liegt.

Wie ein Kind, das gerade in frische Windeln eingeschlagen worden ist.

Welches Kind? Das Kind in der Krippe, das »königliche Kind«, wie man einstmals die weiße Stolle nannte, fromm und bildkräftig.

Im Mittelalter, als die Dome erbaut wurden

und sich keiner hätte vorstellen können, daß nicht Gottes Allmacht über allem waltete, war das ganze Jahr und damit auch das Kirchenjahr von solchen Symbolen durchsetzt, die auf die Stationen des Menschen in seinem Erdenlauf und darüber hinaus wiesen, als Trost, zur Freude und zur Verheißung. Gerade die Weihnachtssymbole zeigen in aller Pracht, wie groß der Raum gewesen ist, aus dem die Menschen im Mittelalter ihre Bilder bezogen: Die Sonnengötter aus der Antike gaben dem Christkind seinen königlichen Glanz; aus Rom kam die Sitte, Sklaven und Angehörige des Haushalts zu beschenken; aus den dunklen Wäldern Germaniens eine andere, nämlich aus kostbarem Weizenmehl Gebildbrote als Opfergaben für die Götter zu backen, und es ist umstritten, ob der geflochtene Zopf und der Laib der Hefebrote nicht Opfer aus Fleisch und Blut ersetzten.

Das Festtagsbrot aber,
weich und weiß wie ein Leib,

wurde zum Laib, zur Stolle weiblichen Geschlechts, worunter man noch zur Goethezeit »eine kurze dicke Masse« verstand, dicke Wachskerzen etwa oder die zum Laib geformte Butter. In Obersachsen aber bezeichnete das Wort Butterstolle »eine Art Gebackenes aus Butterteigen, welches die Gestalt eines langen und schmalen Brotes hat, und so fern dasselbe gemeiniglich um Weihnachten gebacken wird, die Butterstolle heißt«. Der Stollenträger war »ein langer, enger Korb, worein die Stolle zum Aufgehen gelegt wird«. So steht es in einem alten Wörterbuch. Das wäre die Stolle aus Obersachsen. In jeder Landschaft wurde aber das Tradition, wozu Feld und Weide das Beste boten und was den Hausfrauen am besten gelang – und den Ihren schmeckte.

So bestätigt jedes Kochbuch und jeder, der noch seine Großmutter backen sah – denn in vielen Familien wurde nur ihr die Weisheit, Kunst und Kraft zugestanden, mit dem Stollenteig richtig zu verfahren –, daß es nicht nur ein einziges Rezept für die sächsische Stolle gibt, sondern viele. Jede Hausfrau hütete das ihre, kannte es auswendig und gab es nur einer Tochter weiter. Für Variationen sorgten die Zeitläufe. War der Sommer zu heiß und zu trocken, fiel also die Ernte miserabel aus, herrschten Pest oder Hungersnot, war Ungeziefer in die Mehlkiste geraten, raubten und brannten sich Soldaten durchs Land, war Krieg noch im Winter, so bekamen die Hausleute und das Gesinde nur kärgliches Gebäck auf den Tisch oder zu Lohn und anderen Deputaten in die Kiepe gepackt. Herrschte aber Frieden, blühte die Wirtschaft. So wurde mit dem Besten gebacken, was es in der Speisekammer gab.

Alles Gute aber erzeugt Geschichten und lockt den Neid. So heißt es, daß die Dresdner Stolle eigentlich aus den Dörfern der Umgebung stamme. Die Bäuerinnen, die zum Weihnachtsmarkt in die Residenz wanderten, hätten sie zum Verkauf mitgebracht, und weil sie so gut geschmeckt hätte, seien die Dresdnerinnen nicht faul gewesen und hätten sich selber ans Stollenbacken gemacht.

Überliefert ist nur, daß die ersten Stollen um 1400 in der Stadt verkauft wurden, und noch etwas älter ist ein Steuerzettel, auf dem vermerkt ist, daß ein Bischof je zwei Weizenstollen als Zins von den Bäckern seiner Stadt verlangte. Was einem Bischof recht ist, war den Landesherren nur billig. Es gab eine Stollen-Steuer für öffentliche Bauvorhaben.

Die weißen Puderzuckerschichten des Stollenlaibes sollen an das in Windeln gewickelte Kind erinnern.
Pietro di Giovanni d'Ambrogio, Die Anbetung der Hirten (Ausschnitt), erste Hälfte des 15. Jh.

Süße Adventszeit

Wer eine Stolle backte, mußte den zwanzigsten Teil eines Goldguldens zum Dombau beitragen. Die Stollen wurden also Luxusgüter, und gleich erhoben auch die Gottesfürchtigen ihre Stimme und mahnten, vor Fraß und Völlerei nicht den wahren Sinn des Christfestes zu vergessen. Das war im Jahr vor der Entdeckung Amerikas. Die Stolle kam also nicht nur zu Ruhm und Ehren, sondern offenbar auch zu qualitativ besseren Zutaten, und als mit der Ausweitung des Handels auch der Lebensstandard sich zumindest für die Bürger hob, wurde sogar der Heilige Vater in Streitigkeiten um Stollenrezepte verwickelt. Es war nämlich verboten, während der Fastenzeit Butter zu verwenden.

Aber eine Stolle mit morgenländischen Gewürzen, Mandeln und Cibeben, dazu nur das damals übliche Rüböl – das vergällte den sächsischen Kurfürsten-Brüdern Ernst und Albrecht so den Genuß, daß sie Ende des 15. Jahrhunderts den Papst baten, die Fastengesetze in ihrem Lande abzuändern. Dieser war voll Verständnis für die Achtung vor Gottes guten Gaben, erteilte den Dispens und begründete ihn, fast mitleidig, so: »Sinthemachlen in Euren Herrschaften keine Oehlbäume wachsen und daß man des Oehles nicht genug sondern viel zu wenig und nur stinkend habe, daß man es teuher kaufen muß und solches Oehl allda habe, das man aus dem Ruebsenoehl macht, daß des Menschen Natur zuwider und ungesund, durch dessen Gebrauch die Einwohner der Lande in mancherlei Krankheit fallen.«

Ein erstes Expertenurteil, und wenn Sachsen auch bald treu evangelisch wurde, gibt es seitdem die Butterstolle. Aber noch herrschte keine Ruhe, denn nun entbrannte

ein erbitterter Stollen-Streit dreier Städte.

Die sächsischen Brüder hatten nämlich ihr Herrschaftsgebiet geteilt, Meißen wurde neue Residenz der zweiten Linie, so daß sich Dresden, Meißen und Siebenlehn um die Vaterschaft stritten. Der Dreißigjährige Krieg dämpfte diesen Kampf, und die Sachsen und Kurmeißner mögen in diesen Jahren froh gewesen sein, wenn sie überhaupt eine Stolle backen konnten. Aber gleich nach dem Westfälischen Frieden flammte dieser Streit wieder auf und scheint bis zum heutigen Tage nicht ganz erloschen. Denn was ist eine Dresdner Stolle? Im Deutschen Reich war das ziemlich klar: ein Gebäck, das aus Dresden stammte und in alle Welt verschickt wurde. Schon im Mittelalter hatten die Dresdnerinnen Stollen in linnene Tücher gehüllt und Fuhrleuten oder Elbschiffern mitgegeben, für die Söhne in der Fremde.

Süße Adventszeit

Zur Kaiserzeit wurden die Stollen in große Blechdosen gelötet und schon im Spätsommer expediert, so daß sie selbst per Segelschiff die fernen Lieben in den damaligen deutschen Kolonien oder die Ausgewanderten in den USA oder gar Australien rechtzeitig zum Christfest erreichten. Das war der klügste Gruß aus der Heimat, denn

eine Stolle wird um so besser,
je länger sie reifen kann.

Auch in sächsischen Küchen wurde der Teig spätestens Anfang Dezember angesetzt. Wie man einer Umfrage aus dem Jahre 1938 – erst 1955 veröffentlicht – entnehmen kann, wurden auch damals noch die geformten Stollen »wintertags auf dem Schlitten durch die verschneiten Straßen der Stadt zum Bäcker gefahren«, welcher Namenskärtchen in die Laibe steckte und sie in den Ofen schob. »Da nicht nach Kochbuch gebacken wird, sondern nach Familienrezept«, findet man selbst in einem Kochlexikon der Jahrhundertwende unter dem Stichwort »Stollen, Dresdner« fünf Spielarten wiedergegeben, Variationen der Rosinenstollen.

Die Stolle hat unterdessen einen Geschlechtswandel durchgemacht und ist aus ungeklärten Gründen maskulin geworden, und sie hat die Provinz hinter sich gelassen und wurde eine internationale Spezialität. Im Larousse Gastronomique taucht ein Stollen auf, mit 200 g Orangeat pro Kilogramm Mehl, und in Amerikas weit verbreitetem Kochbuch, dem Good Housekeeping Cook Book, gibt es Stollen mit kandierten Kirschen, Zimt und Muskatnuß.

In den Jahren des Zweiten Weltkrieges wurde die sparsame Quarkstolle üblich, und seit geraumer Zeit werden Vollkornstollen empfohlen, die freilich ein Widerspruch in sich selbst sind. Denn eine Stolle war das festlichste Festtagsgebäck, für das man vielleicht ein einziges Mal im Jahr das feinste Mehl zu Ehren des Christkindes verwendete.

Geschichte geworden ist schon der Streit um die Frage, ob die Bezeichnung »Dresdner Butterstollen« und gleichsinnige Bezeichnungen als Herkunftsbezeichnung zu beurteilen seien, die nur bei der Herstellung der Stollen in Dresden verwendet werden durften. Dazu gab es 1987 ein Gerichtsurteil, nach dem die Dresdner Stolle als eine bestimmte Stollenart galt, mithin eine Gattungsbezeichnung ist.

Das »Königliche Kindlein« ist dergleichen gewohnt, und an ihm selbst

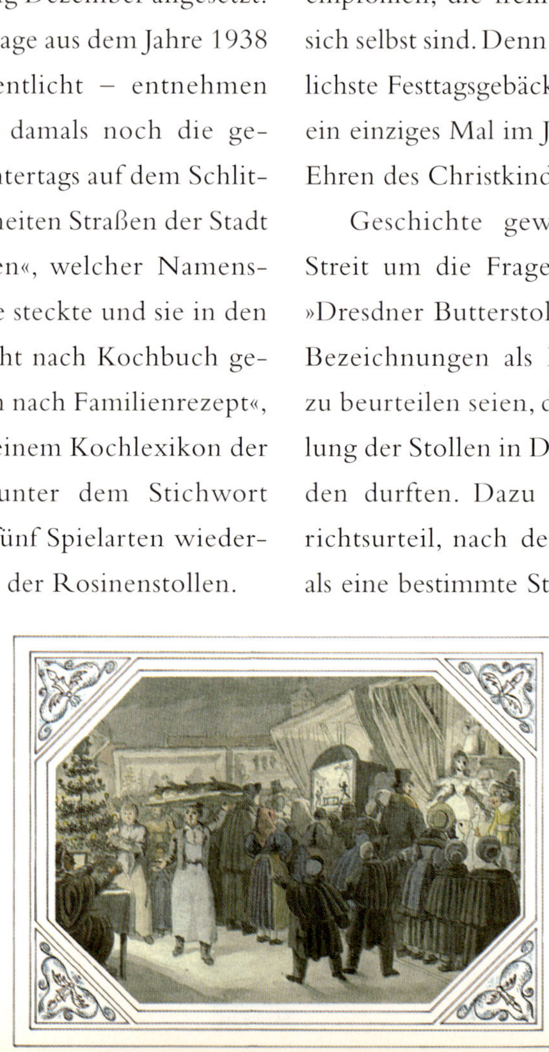

C. G. H. Geißler, Budenstadt im Lichterglanz. Kalenderblattentwurf für den Monat Dezember, um 1825.

ändert sich dadurch nichts. Sein Teig muß nur gut geknetet werden, der reichen Zutaten wegen lange und gemütlich gehen und ruhig backen. Die einen raten dazu, die Stollen noch warm mit flüssiger Butter zu bepinseln und mehrmals mit Puderzucker zu beschneien. Andere fetten und pudern erst nach einer angemessenen Ruhepause. Einig sind sich alle darin: Stollen müssen reifen.

Der Marzipan

Honig, Zimt und Mandelkern – das ist der Dreiklang, das gehört zu Stern und Tannenzweig. Jahre können vergehen, man kann an ganz anderen Orten der Welt leben: Honig, Zimt und Marzipan, weich, von der Farbe alten Elfenbeins, das wird immer Advent und Weihnachten bedeuten.

Marzipan ist die Krönung von allem anderen. Marzipan darf nicht fehlen, ob man es in einen der bunten Teller legt, ob man ein dickes Brot zum Tee in üppige Scheiben schneidet, oder ob man die Tannenzapfen und Herzen in den Weihnachtsbaum hängt. Marzipan macht alles erst rund und richtig. Auch wenn man es nicht selber knetet und zu Marzipankartoffeln oder Bethmännchen formt, auch wenn man von den Sitten und Bräuchen, die früher zum Advent gehörten, keine Ahnung mehr hat: Marzipan ist der Star des Advents geblieben.

Das Marzipan hieß früher der Marzipan. So liest man in Adelungs »Kritischem Wörterbuch« von 1777: »Der Marzipan ... ein Zuckergebackenes von süßen und bitteren Mandeln, Nüssen, Pistazien u.s.s. und Zucker ... Im mittleren Latein Panis Marcius, Marci-Panis.«

1898 hieß es in dem klassischen Nachschlagewerk »Meisterwerke der Speisen und Getränke« von P. M. Blüher: »Der Marzipan, angeblich aus marci panis Markus-Brötchen entstanden, doch besser auf lat. maza Mehlbrei zurückzuführen.«

Wir haben uns heute für das Neutrum entschieden, für das Marzipan, und uns von der Markus-Brötchen-Legende getrennt, so plausibel das klang und so gut es mit Venedig und den Kreuzrittern, die dort auf ihrem Heimweg das Marzipan kennenlernten, zusammengepaßt hätte. Blüher schlug die Maza vor, doch ein paar Jahre später, 1904, brachte der niederländische Philologe Kluyver die Worterklärung, die den Marzipankundlern bis heute am zutreffendsten erscheint.

Es gab nämlich um das Ende des ersten Jahrtausends eine byzantinische Münze, die den thronenden Christus zeigte und Mauthaban genannt wurde, was sitzender Mann

Süße Adventszeit

bedeutet. Und genau ein Mauthaban war der Preis für eine Spanschachtel mit Marzipan, so daß der Münzname auf die Verpackung und der Verpackungsname auf den Inhalt selber überging.

Marzipan, die Spezerei aus dem Morgenland, wurde das Lieblingsmaterial der Köche und Küchenmeister im Barock. Sie modellierten daraus Tiere, Pflanzen, Denkmäler, ließen Marzipanfrüchte aus echten Bäumchen regnen, vergoldeten es für triumphale Bankette, schwärzten es für Trauer-Marzipane, trieben unglaublichen Prunk und Augenspiel: Was ist Schau, und was ist Wahrheit? Was Leben und was Traum?

Marzipan war beim Friedensbankett nach dem Ende des Dreißigjährigen Krieges dabei, Marzipan schickte Frau Aja in Frankfurt ihrem Hätschelhans nach Weimar. E. T. A. Hoffmann erfand in seinem »Nußknacker und Mäusekönig« die Urgestalt des weihnachtlichen Schlaraffenlandes: ein Marzipanschloß, ein Zauberpalast, hell leuchtend in rosenrotem Schimmer »mit hundert lustigen Türmchen«. Clemens Brentano erzählte in seinem Gedicht vom Prinzen Mandelwandel, den sich die kleine Tochter der Köchin knetet, »Quittenfleisch wird hier zur Wade/und zum Fuße Marzipan«.

Brentano muß an das weiche samtige Marzipan gedacht haben, wie es in Lübeck seit dem 18. Jahrhundert gemacht wird: so viel Mandeln wie möglich, so wenig Zucker wie notwendig. Das ist eine Kunst, die erst mit dem Rohrzucker von den Kanarischen Inseln, der Kanarizucker genannt wurde, oder aus dem Orient begonnen hat. Davor hat man nur mit getrockneten Früchten und Honig süßen können, hat daraus köstliches Mandelmus, Mandeltorten und Mandelbrote hergestellt, die es überall an den Festtagen und auf den Märkten gab.

Irgendwann ist der Zucker zum Mandelmus gekommen, und man hat gelernt, das frische gesüßte Mandelmus in einem Tiegel geduldig über der Glut zu rühren und zu rühren. Keine zu starke Hitze! Wir wissen heute, dann gerinnt das Eiweiß der Mandeln, dann kandiert auch der Zucker zu rasch. Sachte, ganz sacht, dafür langsam und lange. Dann vermählen sich nämlich die zuckrigen und die Mandelaromen auf das Innigste und Beste. Und wenn der fertige elfenbeinblasse Teig auch schön sachte abkühlen und auskühlen kann, so entsteht Marzipan, Haremsbrot für den Advent.

Für Theodor Storm war ein gutes Lübecker Marzipan ein Stück Heimat, besonders in den Jahren seiner Vertreibung. Am anrührendsten erzählte er 1864 in »Unter dem Tannenbaum«, wie eine Familie

»in der Fremde« die Tanne geschickt bekommt, samt einer Kiste mit Baumschmuck. »Ich wittere Marzipan!« ruft die Mutter, und sie packt wahre Wunderdinge aus: Käfer und Vögel und Eichhorn und Hasen, und »nun war es wirklich Weihnacht geworden!« (Siehe Seite 80.)

In Lübeck hat das Marzipan erst recht zu Weihnachten gehört. Die getreuen Dienstboten bekamen ein Marzipanbrot, das mit goldenen Zehnmarkstücken gespickt war, für jedes Dienstjahr eines. Selbst der großmächtige Zar bestellte sich zu Weihnachten immer ein Dutzend Marzipangänse, lebensgroß, denn, wie eine Hofdame aus Petersburg 1858 schrieb: »Der Marzipan hat gestern geradezu Furore gemacht. Die Fersen hat kaum die Kisten geöffnet, so ist gleich eine Teilung vorgenommen; ein Stück für sie selbst, das andere für die alte Kaiserin. Und was tut die alte Kaiserin damit? Sie stippt jeden Morgen den Marzipan in ihren Kaffee ...«

Marzipan war seit der Restauration hoffähig

und taucht in den Menüs europäischer Höfe regelmäßig auf, sehr zur Freude der preußischen Kadetten, die bei Hofe Pagendienste zu leisten hatten. »Nach uralter geheiligter Sitte«, schrieb Fedor von Zobeltitz aus Berlin, »füllten die Fürstlichkeiten beiderlei Geschlechts beim Dessert ihren Teller und reichten ihn sodann ihren Pagen.«

Man trank dazu am hessischen Hof Malaga, in Italien Tokajer, in der Freien Reichsstadt Frankfurt Ausbeerwein, während Madame la Duchesse de Berry sich bei ihrem Frühstück Schokolade oder Café à la Crème dazu servieren ließ.

Ein Bremer Weinkenner schlägt heutzutage roten Bordeaux zum Marzipan vor, das dann natürlich keinen Schokoladenüberguß haben darf, und in Lübeck kombiniert man es wieder mit Rotspon. Zu Thomas Manns Zeiten gehörte außerdem noch ein Pfefferkuchen dazu, und der Marzipan, wie er sagte und schrieb, mußte so sein wie bei den Buddenbrooks: »Massive Marzipanbrote, innen naß vor Frische ...«

Auf dem Nürnberger Christkindlmarkt.

Warum das Marzipan zu Weihnachten gehört? Aus eben diesem Grunde, weil nur das Beste würdig genug für diesen besonderen Geburtstag ist. Und weil man aus dem alles herstellen kann, was weihnachtliche Bedeutungen hat: Äpfelchen und Sterne, Nüsse und Glocken, Schweine und Karpfen. Und weil es so gut schmeckt.

Der Striezelmarkt

Auszug aus den autobiographischen »Jugenderinnerungen eines alten Mannes«, erschienen 1870, von Wilhelm von Kügelgen (1802-1867).

WILHELM VON KÜGELGEN

So arbeiteten und spielten wir uns in den Spätherbst und Winter hinein, bis die Weihnachtszeit mit ihrem wunderbaren Treiben nahte und auch unsere Beschäftigungen mit dem Stempel des Geheimnisses bezeichnete.

Weihnachtsmarkt in Baden-Baden.

Das gemeinschaftliche Spielen hatte nun ein Ende, jeder kramte und kleisterte für sich, und keiner durfte hinsehen, was der andere machte. Zu letzterem verpflichtete man sich durch Eide, die sehr leicht zu halten waren, da jeder, genügsam von seinem eigenen Werk erfüllt, wenig Neigung hatte, von dem anderen Notiz zu nehmen oder etwas davon zu erwarten.

Auch mag sich der alte Satz, daß Geben seliger als Nehmen sei, am meisten in den gegenseitigen Geschenken bewahrheiten, die sich Kinder machen.

Wo nun die eigene Kunstfertigkeit nicht ausreichte oder es an Material fehlte, kauften wir das Fehlende auf dem Weihnachtsmarkt, der in Dresden nach einem eigentümlichen Backwerke der Striezelmarkt genannt wird. Acht Tage vor dem Feste pflegte sich der Dresdner Altmarkt mit einem ganzen Gewimmel höchst interessanter Buden zu bedecken, die abends erleuchtet waren und große Augenlust gewährten.

Das Glitzern der mit Rauschgold, mit bunten Papierschnitzeln und goldenen Früchten dekorierten Weihnachtsbäume, die hell erleuchteten kleinen Krippen mit dem Christuskinde, die gespenstischen Knecht-Ruprechte, die Schornsteinfeger von gebackenen Pflaumen, die eigentümlichen weihnachtlichen Wachsstockpyramiden in allen Größen, endlich das Gewühl der Käufer und höfliche Locken der Verkäufer, das alles regte festlich auf.

Hier drängten auch wir uns des Abends gar zu gern umher, schwelgend in dem ahnungsreichen Dufte der Tannen, der Wachsstöcke, Pfefferkuchen und Striezeln, die in einer den Wickelkindern entlehnten Gestalt, reichlich mit Zucker bestreut, vor den zahlreichen Bäckerbuden auslagen und Löwenappetit erregten. Nach genauester Prüfung alles Vorhandenen kauften wir dann einige kleine grüne oder rote Wachsstockpyramiden, auf Kartenblätter gewickelt, das Stück zu einem Pfennig, sogenannte Pfefferkuchenzungen zu demselben Preis oder ein paar Bogen bunten Papiers, um unsere Privatbescherung damit auszustatten ...

Franz Barbarini (1802-1873), Weihnachtsmarkt.

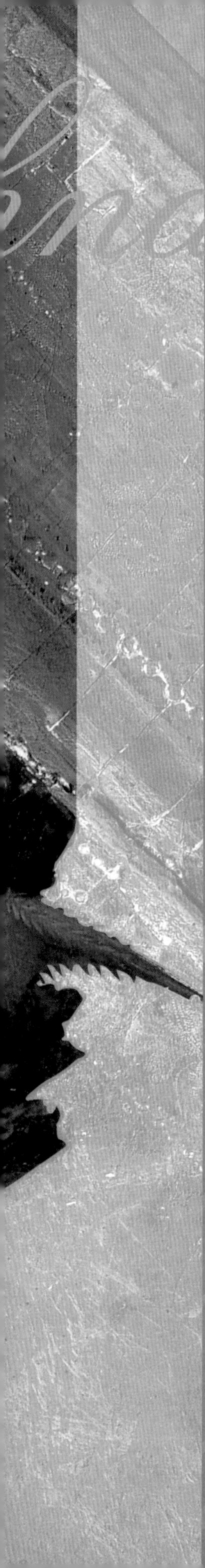

Es weihnachtet sehr . . .

rechts: Der betörende Duft der Rosen läßt himmlische Herrlichkeit erahnen. Die Herstellung von Rosenwasser im Mittelalter. Miniatur aus dem Hausbuch der Cerruti.

Die Rose

Von der tiefen Symbolik der Königin aller Blumen.

Ein Wald mit dem Eisen zusammengehauen, heißt es im Alten Testament, ein Baum bis auf die Wurzel zerschlagen, »davon Jesaja sagt«, weil Gott das Geschlecht Davids für seine Sündhaftigkeit strafen wollte.

Aber aus diesem zerhauenen Stumpf, aus der Wurzel Jesse, der der Begründer von Davids Geschlecht war, brach ein neues Reis hervor. Und so sieht man den alten Patriarchen Jesse auf Kirchenfenstern und Andachtsbildern dargestellt: Er liegt fest schlafend unter dem Baum, der in vielen Zweigen und Ranken aus ihm heraus wächst und die Gestalten von Propheten und Heiligen trägt. Und oben, in der Krone dieses mystischen Baumes, ruhen in offenen Blüten die Gottesmutter und das Erlöserkind. Oder nur Maria als Krönung des jüngsten Sprosses, die dem Kind eine Rosenblüte reicht. Maria aus dem Hause David also als kostbarste Blüte des Stammes, selbst eine Rose, die rosa mystica. »Es ist ein Ros entsprungen...« So kam die Rose zu den anderen Bildern und Zeichen. Immer die voll erblühte Rose, die ihr Herz nicht verbirgt, sondern sich Gott und ihrem Schicksal weit geöffnet zuwendet. Das Reis aus der Wurzel Jesse trägt die Rose zwischen Dornen, aber ohne Dornen, rot, weiß oder golden.

Fünf Blätter zeigt die geöffnete Rose. Sind sie rot, so gemahnen sie an die fünf Wunden Christi. Die Zahl fünf kehrt auch in den Rosenkränzen wieder, die der Erzengel Gabriel für Maria wand: drei Kränze aus hundertfünfzig Rosen.

Von mindestens so vielen Rosen ist sie, die edelste Rose, umgeben, wenn sie als Maria im Rosenhag dargestellt wird. Doch auch dieser scheinbar so liebliche Rahmen wiederholt nur das Bild: die Rose ohne Dornen inmitten der dornigen Rosenranken, die dem Kind auf ihrem Schoß schon sein Schicksal andeuten.

Rot, Weiß und Gold:

Die weiße Rose erinnert an die Freuden Mariae, die goldene stellt Maria in der Glorie dar, und die rote ihren Schmerz. Weiß ist auch die Unschuld, so gehört die weiße Rose zu allen, die den Frieden durch gute Wer-

Die roten Rosen der Rosenlaube erinnern an den bevorstehenden Kreuzestod Christi. Martin Schongauer, Maria im Rosenhag, 1473.

ke versöhnen. So schließt die in weißen Marmor gehauene Rose als Friedenszeichen das Gewölbe der Kirchen ab,

so durchbricht die Fensterrose den irdischen Stein der Domwände,

läßt den Himmel durchleuchten und weist auf die Erlösung im ewigen Lichte hin. Auch der Rosenkranz ist Maria mit Perlen gewidmet, die wiederum wie Rosen geschnitzt sind und bei denen der fromme Katholik das Ave Maria betet.

Dem Christkind aber, dem König und Herrscher, sind die goldenen Rosen gewidmet. Ihr Duft ist eine Ahnung der himmlischen Herrlichkeit. Vielleicht soll der Stamm aus der Wurzel Jesse der Lebensbaum des Paradieses sein.

Vielleicht sollten die ersten Christbäume an diesen Paradiesbaum erinnern. Auf jeden Fall heißt es in den ältesten Urkunden über den »geschmückten Meien«, den Weihnachtsbaum nach der Zeit der Bauernkriege und der Reformation: »Daran henket man Rosen aus vielfarbigem Papier geschnitten, Äpfel, Oblaten...«

Ein wahrer Lebensbaum, der Blüten und Früchte gleichzeitig trägt, wie im Paradies.

Die Legende von der Christrose

Selma Lagerlöf

[Abt Johannes, ein alter gebrechlicher Mann, hatte in seinem Kloster in Öved einen wunderschönen Klostergarten angelegt, den er sorgsam hegte und pflegte. Eines Tages besuchte ihn die überall Angst und Schrecken einjagende Räubermutter aus dem Göinger Wald. Sie prahlte damit, einen noch viel schöneren und reicheren Lustgarten mitten im Wald zu kennen.]

Abt Johannes hatte schon in seiner Kindheit erzählen hören, daß der Wald sich in der Weihnachtsnacht in ein Feierkleid hülle. Er hatte sich oft danach gesehnt, es zu sehen, aber es war ihm niemals gelungen. Nun begann er die Räubermutter zu bitten, sie möge ihn um die Weihnachtszeit in die Räuberhöhle kommen lassen. (...)

[Das folgende Weihnachtsfest feierte Abt Johannes also nicht im Kloster, sondern bei der Räuberfamilie mitten im Wald. Es wurde ein langer und unterhaltsamer Abend.]

Plötzlich sprang die Räubermutter auf. »Du sitzest hier und plauderst, Abt Johannes«, sagte sie, »und wir vergessen ganz, nach dem Wald zu sehen. Jetzt höre ich bis in unsere Höhle, wie die Weihnachtsglocken läuten.« (...) »Wie soll dieser Glockenklang den toten Wald wecken können?« dachte Abt Johannes. Denn jetzt, wo er mitten im Waldesdunkel stand, schien es ihm viel unmöglicher als zuvor, daß hier ein Lustgarten erstehen könnte. Aber als die Glocke ein paar Augenblicke geläutet hatte, zuckte plötzlich ein Lichtstrahl durch den Wald. Gleich darauf wurde es wieder dunkel, aber dann kam das Licht wieder. Es kämpfte sich wie ein leuchtender Nebel durch die dunklen Bäume. Langsam ging die Dunkelheit in schwache Morgendämmerung über. Da sah Abt Johannes den Schnee vom Boden verschwinden, als hätte jemand einen Teppich fortgezogen; und die Erde begann zu grünen. Das Farnkraut streckte seine Triebe hervor. Die Erika, die auf der Steinhalde wuchs, und der Porsch, der im Moor wurzelte, kleideten sich rasch in frisches Grün. Die Mooshügelchen schwollen und hoben sich; und die Frühlingsblumen schossen mit schwellenden Knospen auf und hatten schon einen Schimmer von Farbe. Abt Johannes klopfte das Herz heftig, als er die ersten Zeichen sah, daß der Wald erwachen wollte. »Soll nun ich alter Mann ein solches Wunder schauen?« dachte er. Und die Tränen wollten ihm in die Augen treten. (...)

Immer wieder kamen neue Wellen von Wärme und Licht. Jetzt war die Luft so von Licht durchtränkt, daß sie glitzerte. Und alle Lust und aller Glanz und alles Glück des Sommers lächelten rings um Abt Johannes. Es war ihm, als könnte die Erde keine größere Freude bringen. Aber das Licht strömte noch immer, und Abt Johannes fühlte, daß überirdische Luft ihn umwehte. Zitternd erwartete er des Himmels Herrlichkeit. Abt Johannes merkte, daß alles still wurde: die Vögel verstummten, die jungen Füchslein spielten nicht mehr, und die Blumen hörten auf zu wachsen. Eine Seligkeit nahte, die das Herz stillstehen ließ; das Auge weinte, ohne daß es darum wußte, die Seele sehnte sich, in die Ewigkeit hinüberzufliegen. Aus weiter, weiter Ferne hörte man leise Harfentöne und überirdischen Gesang. Abt Johannes faltete die Hände und sank in die Knie. Sein Gesicht strahlte von Seligkeit. Nie hatte er erwartet, daß es ihm beschieden sein würde, schon in diesem Leben des Himmels Wonne zu kosten und die Engel Weihnachtslieder singen zu hören.

Aber neben Abt Johannes stand der Gärtnergehilfe, der ihn begleitet hatte. Er sah den Räuberwald voll Grün und Blumen, und er wurde zornig in seinem Herzen, weil er erkannte, daß er einen solchen Lustgarten nie

Fresko aus der Casa del Frutteto, Pompeij, 1. Jh. n. Chr.

und nimmer schaffen konnte, so sehr er sich auch mit Hacke und Spaten mühen mochte. Er vermochte nicht zu begreifen, warum Gott solche Herrlichkeit an das Räubergesindel verschwende, das seine Gebote mißachtete. Finstere Gedanken zogen durch seinen Kopf. Das kann kein rechtes Wunder sein, dachte er, das sich bösen Missetätern zeigt. Das kann nicht von Gott stammen; das ist aus Zauberei entsprungen. Die Macht des bösen Feindes hat uns verhext und zwingt uns, das zu sehen, was nicht vorhanden ist.

»Zeuch zur Hölle, von wannen du kommen bist!« In diesem Augenblick waren die Engel so nahe, daß Abt Johannes den Hauch ihrer mächtigen Fittiche fühlte. Er hatte sich zur Erde geneigt, sie zu grüßen, aber als die Worte des Laienbruders ertönten, verstummte urplötzlich der Gesang, und die heiligen Gäste wandten sich zur Flucht. Ebenso flohen das Licht und die milde Wärme vor Schreck über die Kälte und Finsternis in einem Menschenherzen. Die Dunkelheit sank wieder auf die Erde herab; die Kälte kam; die Pflanzen verwelkten; die Tiere enteilten; das Rauschen der Wasserfälle verstummte; das Laub fiel von den Bäumen. Abt Johannes fühlte, wie sein Herz, das eben vor Seligkeit gezittert hatte, sich jetzt in unsäglichem Schmerz zusammenkrampfte. Niemals kann ich dies überleben, dachte er, daß die Engel des Himmels mir so nahe waren und vertrieben wurden, daß sie mir Weihnachtslieder singen wollten und in die Flucht gejagt wurden.

In demselben Augenblick erinnerte er sich an die Blume, die er Bischof Absalon versprochen hatte, und er beugte sich zur Erde und tastete unter dem Moos und Laub, um noch etwas zu finden. Aber er fühlte, wie die Erde unter seinen Fingern gefror. Da ward sein Herzeleid noch größer. Er konnte sich nicht erheben, sondern mußte auf dem Boden liegenbleiben. (...)

Als Abt Johannes nach Öved hinuntergebracht worden war, sahen die Totenpfleger, daß er seine rechte Hand hart um etwas geschlossen hielt. Er mußte es in seiner Todesstunde umklammert haben. Und als sie die Hand endlich öffnen konnten, fanden sie ein paar weiße Wurzelknollen. Als der Laienbruder, der Abt Johannes geleitet hatte, diese Wurzel sah, nahm er sie und pflanzte sie in des Abtes Garten. Er pflegte sie und wartete das ganze Jahr, daß eine Blume daraus erblühe, doch er wartete vergebens den ganzen Frühling und Sommer und Herbst. Als endlich der Winter anbrach und alle Blätter und Blumen tot waren, hörte er auf zu warten. Als aber der Weihnachtsabend kam, wurde die Erinnerung an Abt Johannes so mächtig, daß er in den Lustgarten hinausging, seiner zu gedenken. Und siehe, als er an die Stelle kam, wo er die Wurzelknollen eingepflanzt hatte, da sah er üppige grüne Stengel, die schöne Blumen mit silberweißen Blüten trugen. Da rief er alle Mönche von Öved zusammen; und als sie sahen, daß diese Pflanze am Weihnachtsabend blühte, wo alle anderen Blumen tot waren, wußten sie, daß es wirklich die Pflanze war, die Abt Johannes im Weihnachtslustgarten des Göinger Waldes gepflückt hatte. (...)

Nie mehr hat der Göinger Wald die Geburtsstunde des Heilands gefeiert, und von seiner Herrlichkeit lebt nur noch die Pflanze, die Abt Johannes dereinst gepflückt hat. Man hat sie Christrose genannt; und jedes Jahr läßt sie ihre weißen Blüten und ihre grünen Stengel um die Weihnachtszeit aus dem Erdreich sprießen, als könnte sie nie und nimmer vergessen, daß sie einmal in dem großen Weihnachtslustgarten gestanden hat.

Die schwedische Schriftstellerin Selma Lagerlöf (1859-1940) schöpfte bei ihren Erzählungen aus der Tradition ihrer Heimat Värmland und der nordischen Sagenwelt. Ihr Werk ist gekennzeichnet von einer eindringlichen psychologischen Gestaltung und tiefen Religiosität.

Im Garten Eden

Apfel und Paradiesbaum – Sinnbilder himmlischer Vollkommenheit und Unsterblichkeit.

Der Apfel

Am Anfang war der Apfel, rund wie die Weltkugel in der Hand des Jesuskindes, magisches Sinnbild der Vollkommenheit und des Ganzen, denn zum Zentrum ist es von jedem Punkt der Oberfläche gleich weit, und diese ist glatt und ohne Anfang und Ende: Harmonie und Ewigkeit. Und ein Abbild göttlicher Allwissenheit, denn die Kerne sind dem menschlichen Blick, so weit er auch schweifen mag, ebenso verborgen wie sein Schicksal. Das und die Apfelkerne kennt nur derjenige, der beide schuf.

Das alles ist der Apfel, aber seine Geschichte ist weitaus reicher. Auch wenn in der Genesis kein Apfel erwähnt wird, hält Eva auf allen Bildern den süßen, reifen, vollkommenen Apfel in der Hand. Keine andere Frucht kann den Apfel der Versuchung und der Verlockung in seiner Symbolkraft übertreffen.

In den Geschichten, die älter sind als das Alte Testament, wird von Avalon erzählt, einem paradiesischen Apfelland, nach dem sich die keltischen Helden und Könige nach ihrem Tode sehnten. Und schon einmal stand ein Apfelbaum als Lebensbaum auf einem Paradieses-Eiland an der Grenze von Tag und Nacht, von Tod und Leben, und trug goldene Äpfel: Hera bekam sie zur Hochzeit mit dem Göttervater Zeus von Gaia, der Erdmutter, geschenkt, als Symbol der Fruchtbarkeit und Liebe, und die Hesperiden, die unsterblichen Jungfrauen, mußten sie mit Hilfe des Drachens Ladon hüten. War es in Griechenland Herakles, der die goldenen Äpfel raubte, so ist es im hohen Norden der listige Loki gewesen, der sie samt ihrer Hüterin, der Zwergentochter Iduna, für einen Riesen stahl.

Im Märchen erkennt derjenige das Geheimnis des Lebens, der den goldenen Apfel erlangt. Oder verfällt dem Tode, wie Schneewittchen, und erst der Weltapfel in der Hand des Jesuskindes oder Unserer Lieben Frau überwindet Tod und Hölle des Sündenfalls und weist auf den Triumph der Auferstehung hin.

Geschichten über Geschichten. Lieder besingen den Apfel, in Rätseln und Gedichten taucht er auf,

Liebende schenkten sich
Äpfel als Unterpfand

oder aßen gemeinsam einen Apfel zum Zeichen ihrer unlösbaren Treue und Gemeinsamkeit. Im Verein mit den Nüssen gehören Äpfel in den Sack des Nikolaus.

Und gab es damals, als man die Tannen weihnachtlich zu schmücken begann, etwas Runderes und Röteres als den Apfel, kündete eine Frucht sinnfälliger die zuverlässige Fruchtbarkeit der irdischen Natur und die Vollkommenheit der himmlischen?

So ist der Apfel immer noch so vollkommen und fruchtbar wie im Paradies, und er war bis ins 20. Jahrhundert hinein stets zur Hand. »Ein gut gepflanzter Obstgarten ist die zweite Speisekammer der Haushaltung«, sagt eine Bauernregel, und gut war ein Baumgarten geordnet, der Apfelbäume für alle Jahreszeiten enthielt: Kläräpfel für den August, aus denen der Saft spritzte, wenn man hineinbiß; duftende Spätsommeräpfel, Herbstsorten, die sich bis ins neue Jahr hielten, und natürlich eine kleine purpurrote Sorte für den Advents- und Weihnachtsteller und eine mürbe für Bratäpfel.

Die klassische Nachspeise der Adventssonntage.

Je mehr ihre Schale schrumpelte, desto zarter und süßer wurde das Apfelfleisch – auch das ein Sinnbild für sich.

So ist der Apfel auch für diejenigen eine wahrhaft paradiesische Frucht, die nur seinen Wohlgeschmack lieben und sich freuen, wenn sie sich einen dieser Äpfel aus einem alten bewahrten Hausgarten aus dem Weihnachtsbaum pflücken dürfen.

Wer jedoch den anderen Sinnbildern glaubt, sieht Evas Apfel in der Hand des göttlichen Kindes, und dann ist das wahre Paradies wieder nah.

Äpfel dürfen nicht fehlen. Der Gabentisch eines Knaben als weihnachtliches Stilleben. Wien, um 1840.

Der Paradiesbaum

Gott hat ein Licht ins Firmament gesetzt, das Sonne genannt wird, und seitdem geht die Sonne im Osten auf. Der Osten wurde also der Morgen, der Westen der Abend.

Und »gegen Osten«, ins Licht seiner herrlich aufgehenden Sonne, hat Gott laut Genesis einen Garten gesetzt, »in Eden«, was einem alten Wort der Assyrer für Steppe entsprechen könnte. »Und Gott der Herr setzte den Menschen hinein, den er gemacht hatte. Und ließ aufwachsen aus der Erde allerlei Bäume, verlockend anzusehen und gut zu essen, und den Baum des Lebens mitten im Garten und den Baum der Erkenntnis des Guten und Bösen.«

Das war das Paradies: ein üppiger Garten inmitten der Wüste,

gespeist von vier Strömen, die seinen wunderbaren Bäumen, seinen Tieren und den Menschen »aus Erde vom Acker« Wasser gaben. Es heißt im Alten Testament aber nur: »Bäume«. Kein einzelner wird mit Namen genannt. Alle Bäume spendeten ihre Früch-

Im Garten Eden

te, aber kein Apfel wird erwähnt, und daß Feigen in dieser göttlichen Oase gediehen haben müssen, wissen wir nur, weil Adam nach dem Sündenfall seine Blöße bedecken wollte und deshalb Feigenblätter für Eva und für sich zu Schurzen verflocht.

Diese beiden Bäume aber wurden in ihrer biblischen Eigenschaft bezeichnet: der des Lebens und der der Erkenntnis.

Beides sind Wunderbäume gewesen. Die Frucht vom Baum der Erkenntnis hat Adam und Eva dazu verlockt, Gott ungehorsam zu sein, und Gott strafte beide, scheuchte sie aus dem Paradies, machte ihnen »Röcke von Fellen« und sagte die geheimnisvollen Sätze, so wie es Martin Luther übersetzt hat: »Siehe, Adam ist worden als unser einer und weiß, was gut und böse ist. Nun aber, daß er nicht ausstrecke seine Hand und breche auch von dem Baume des Lebens und lebe ewiglich!« Und danach »ließ ihn Gott der Herr aus dem Garten Eden,

daß er das Feld baute, davon
er genommen ist«.

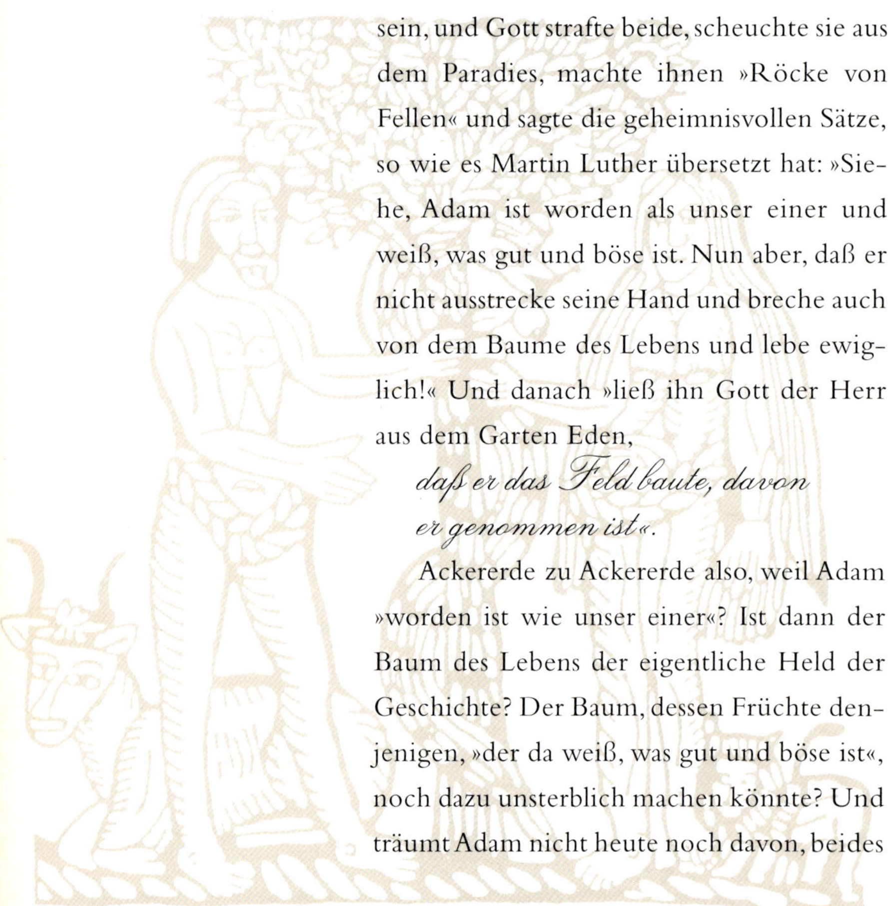

Ackererde zu Ackererde also, weil Adam »worden ist wie unser einer«? Ist dann der Baum des Lebens der eigentliche Held der Geschichte? Der Baum, dessen Früchte denjenigen, »der da weiß, was gut und böse ist«, noch dazu unsterblich machen könnte? Und träumt Adam nicht heute noch davon, beides sein zu können, im Besitz des Wissens und der Unsterblichkeit?

Damals hat er auf jeden Fall das Paradies verloren, doch mit Jesus Christus ist ein neuer Adam geboren und »schleußt uns auf das Paradeis«, wie es im alten Weihnachtslied heißt. An diesen neuen Anfang, diese neue Verheißung erinnert der Schädel Adams, der auf allen mittelalterlichen Gemälden zu Füßen des Kreuzes zu sehen ist, erinnert vor allem der Kreuzesstamm, der aus dem Holz des Paradiesbaumes, des Lebensbaumes, gehauen sein soll.

Auferstehung und wahre Unsterblichkeit nach der Sühne des Kreuzestodes – das ist die Botschaft der Bilder aus dem Alten und dem Neuen Testament, und deshalb gehören die Stammeltern Adam und Eva zum Personal der Weihnachtsgeschichte. Sie werden in der Volkskunst unter dem Baum der Erkenntnis dargestellt, wie es sich gehört.

Der andere Paradiesbaum jedoch, der Lebensbaum, soll das eigentliche Vorbild des Weihnachtsbaumes gewesen sein. Auf Katalog-Abbildungen von Christbaumfüßen Ende des 19., Anfang des 20. Jahrhunderts kann man noch die letzten Reste des Paradiesgartens erkennen: ein niederes Gitter aus Gußeisen, das ein standfestes Quadrat mit der Halterung für den Baumstamm umgibt. Bevor der Paradieszaun zu einem reinen Dekor an einem Industrieprodukt verkümmerte, war dieser Paradiesgarten und nicht der Tannenbaum die Hauptsache. Auch seine Basis war eine rechteckige Platte, von einem Flechtzaun umgeben, in deren Mitte ein kräftiger Buschen immergrüner Zweige gesteckt wurde. Jedes Jahr zog die Familie in den Wald und holte frisches Moos für diesen Garten. Die Kinder versuchten, Weizen aus Körnern und Erdbeeren aus Pflanzen so sprießen und gar reifen zu lassen, daß diese beiden Sinnbilder für das Gotteskind mit in das Paradiesesmoos gesetzt werden konnten.

Auch die ersten Tannen waren so zierlich und wurden so langstämmig geschlagen, daß man unter ihrem Dach um die biblischen Stammeltern herum eine ganze Landschaft aufbauen konnte.

In der bäuerlichen Tradition haben das Paradies und der Baum des Lebens fast abstrakte Formen angenommen: Der Putzapfel aus Schlesien und der Klausenbaum aus Bayern sind einfache grün umwundene Gestecke aus Äpfeln und Stäben, die an die Lichterpyramide aus dem Erzgebirge erinnern. Der Kinken(Kindchen)- oder Kenkenbaum der Insel Föhr ist ein Doppelkreuz auf einem festen Fuß, oft aus Strandholz oder einem zersägten Besenstiel zusammengenagelt. Dieses Gestell wird mit Buchsbaum oder Efeu umwickelt, und vor diesem Baum stehen Adam und Eva samt der Schlange, an den Querstäben entdeckt man Wotans Hund und zuoberst den heidnischen Hahn, alle aus weißem Mürbteig gebacken, mit Binnenzeichnungen und Konturen aus unverdünntem Rote-Bete-Saft. Auf den Querstäben sitzen Nägel, denn seit der Mitte des vorigen Jahrhunderts ist es Sitte, daß die Kinder den Paradiesbaum vor dem Weihnachtsessen ins Fenster stellen und die Kerzen anzünden. Dann kommt Kenken vorbei, hebt eine Scheibe aus dem Fenster und hängt seine Gaben an die Nägel: lange Rosinenketten und blanke Äpfel.

Der Sündenfall. Lucas Cranach d. Ä., Adam und Eva, 1521.

Nach anderen Traditionen waren die Querstreben von runden oder ovalen Reifen umspannt, meist aus Weidenruten, auf denen Kerzen saßen: Dann strahlte das Gestell in einem helleren Licht. Bei einem anderen Paradiesbaum spielt die heilige Zwölf, die an die zwölf Apostel erinnert, eine Rolle: In das Paradiesgärtlein wird eine Stange mit zwei Querstreben gesetzt, grün umwickelt, und an jede Querstrebe hängt man drei, insgesamt also zwölf ausgeblasene, vergoldete Eier. Sie sind ein Lebens- und ein Königssymbol, verstärken also noch die Segenskraft des Paradiesgartens.

Tannenbaum und Christbaum

Wie die Menschen zu ihrem Tannenbaum und die Tanne zu ihrem Festgewand kam.

»Die Flämmchen der Kerzen, die dort hinten zwischen den dunkelrot verhängten Fenstern den gewaltigen Tannenbaum bedeckten, welcher, geschmückt mit Silberflitter und großen weißen Lilien, einen schimmernden Engel an der Spitze und ein plastisches Krippenarrangement zu seinen Füßen, fast bis an die Decke emporragte, flimmerten in der allgemeinen Lichtflut wie ferne Sterne ...«

So beschrieb Thomas Mann den Christbaum der Buddenbrooks, den typischen Weihnachtsbaum der Jahrhundertwende, wie er bis heute als ideal und Traumbaum gelten kann. Er steht nicht mehr wie im ausgehenden Mittelalter auf der Straße oder auf dem Marktplatz, allen zur Freude und Erbauung, er ist vielmehr der Stolz der Familie geworden, steht drinnen, hinter »dunkelrot verhängten Fenstern«.

Dieser Christbaum ist gar nicht so alt, wie man denkt, der Tannenbaum aber viel älter, als man vermutet. Denn lange vor den christlichen Zeiten gab es in allen frühen Kulturen die grünen Buschen und Bäume, mit denen man im Winter die Wiederkehr des Frühlings beschwor, und es gab die Lichterbäume oder Früchtebäume, die den Göttern der Sonne und der Fruchtbarkeit dargebracht wurden, Dank und Opfer zugleich.

Bäume oder nur die grünen Zweige sind alte Symbole. Mit Palmzweigen grüßten die Menschen Jesus, als er auf der Eselin in Jerusalem einritt. Pfingsten hieb man »einen meien«, einen jungen Baum in seinem ersten Grün, und stellte ihn vor dem Haus auf. Mit grünen Zweigen wurden Brauthäuser geschmückt, und die Römer nahmen für ihre Jahresfeste Lorbeer.

Die Zweige und Ranken der Immergrünen gehörten vor allem zu den Wintersitten und -gebräuchen. Im mittelalterlichen England schmückte man die Häuser so mit Ilex und Eibe, Efeu und Buchsbaum, wie man auf dem Kontinent Straßen und Plätze mit Tannen schmückte. Im frühen Mittelalter hatte die Kirche schon den grünen

links:
Die Anfänge des Weihnachtsbaumes. Bescherung mit Nikolaus und einem bärbeißigen Begleiter.

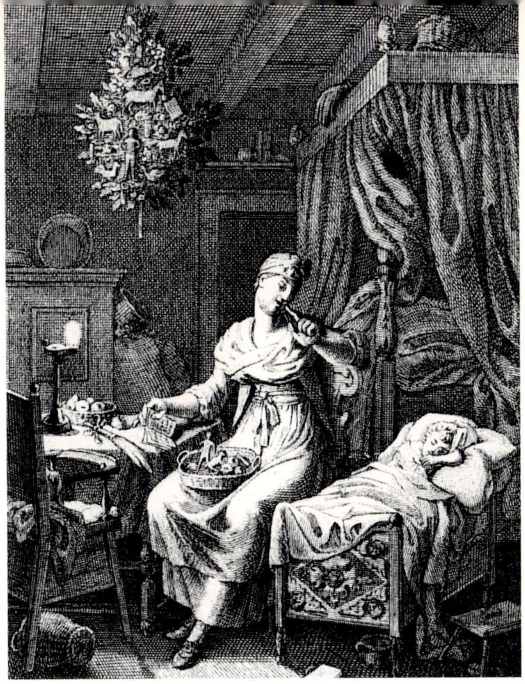

An der Decke hängender Weihnachtsbaum, Graphik von 1820.

Schmuck zur Weihnachtszeit wegen des heidnischen Ursprungs dieser Sitte verboten. Aber um 1600 wird berichtet, daß alle Häuser, Kirchen und Straßen mit Girlanden aus immergrüner Eibe, Efeu und Lorbeer geschmückt waren, um es den Frommen ins Gedächtnis zu rufen, daß das gerade geborene Kind Gott und Mensch zugleich war, sich wie eine zarte Pflanze entfaltete und dennoch niemals vergehen würde. So stand in den Kirchen und Domen ein Immergrün oder eine Tanne als Erinnerung an den Paradiesbaum im Vorraum der Kirche, der auch Paradies heißt, und manchmal fanden die Hirtenspiele im Harzduft dieser Bäume statt.

Zünfte und Innungen stellten ebenfalls am Tag vor Weihnachten vor ihre Zunfthäuser Tannenbäume auf, dicht behängt mit Früchten, Nüssen und Pfefferkuchen. Am Weihnachtsmorgen wurde der Baum geschüttelt, für die Armen und die Kinder der Gemeinde. Solche

Schüttelbäumchen oder Freßbäumchen

wurden auch von den weltlichen Herrschern nachgeahmt und trugen zur weihnachtlichen Unterhaltung bei.

Und irgendwann Anfang des 16. Jahrhunderts, als die Türken zum ersten Mal vor Wien standen, als der Kakao und der Kaffee und die Gewürze aus Ostindien in Europa Festgetränke zu werden begannen und aus einfachem Gebäck Weihnachtsköstlichkeiten machten, als in Rom mit dem Neubau der Peterskirche begonnen wurde und sich die Buchdruckerkunst ebenso ausbreitete wie der Protestantismus der Reformatoren, holten die Bürger das Grün in ihr Haus.

Damals trat die städtische Festung an die Stelle der Burg, der städtische Reichtum und das städtische Selbstbewußtsein veränderten den Lebensstil und das Wohnen. Aus China kam das erste Porzellan, aus Italien die ersten Majoliken, Kunsttischler bauten Möbel im italienischen Stil und vertäfelten die Wände, das portugiesische Silber aus den südamerikanischen Provinzen ließ vollständige Bestecke und Silbergeschirr üblich werden: Kurz, die Bühne für das Fest im eigenen Haus formierte sich, und jeder Anlaß, diese Privatbühne zu benutzen, wurde aufgegriffen.

So stand 1539 ein erster Weihnachtsbaum im Straßburger Münster, aber schon

Tannenbaum und Christbaum

1521 kann man aus den Stadtrechnungen der Nachbarstadt Schlettstadt entnehmen, daß man dem ferstern, den Stadtförstern zwei Schillinge gezahlt hat, um »die meyen am sand Thomastag zu hüten«. Wovor? Vor den Bürgern, die sich gratis zu einem schönen Weihnachtsbaum verhelfen wollten. Dieser Streit ging fast durch das ganze Jahrhundert: 1546 liest man von zwei Männern, die drei Schillinge erhalten haben, »so meigen auff die wiehnacht gehauwen«, doch diese von der Stadt angestellten Baumschläger scheinen nicht ausgereicht zu haben, denn 1555 mußte der Magistrat strenge Verbote gegen die Wilderei aussprechen: »Niemand soll wyhennachtsmayen hawen by daruff gesetzter straff.«

1557 wurden »die Kinsheimer Forster« mit zwei Schillingen vom St. Thomastag an für beides entlohnt,

»zu hueten, zu hauen«.

Aber auch das reichte noch nicht. 1561 wurde vermerkt, es solle kein Bürger zu Weihnachten mehr als einen Meien hauen und dieser »soll nit lenger sein dann acht schuo lang«. War also im Südwesten Deutschlands der Christbaum zuerst so in Mode gekommen, daß man darüber schrieb, machte ihn Luthers Idee von der Kinderbescherung unter diesem Tannenbaum endgültig populär. Das ging aber freilich nicht von einem Jahr zum anderen, und der Weihnachtsbaum war immer Moden unterworfen, Zeitmoden und Familienmoden. Er wurde in den Städten, die damals selten so grün waren wie heute, eher heimisch und beliebt als auf dem Lande. In manchen Gegenden hängte man den Baum mit der Spitze an die Stubendecke und putzte ihn mit Nußketten und güldenen Bändern wie einen Kronleuchter. In Großstädten wie Hamburg oder Berlin kannte man im allgemeinen nur die sparsame Stabpyramide, während reiche Patrizierfamilien für jeden Beschenkten ein eigenes Tännchen auf die Gabentische stellten.

Das Kerzenlicht kam durch Fürstenhäuser und den Adel dazu,

die ohnehin überall am ehesten für die Verbreitung des Christbaumes eintraten. Im Norden, in Holstein, war es ein sächsischer Graf, der in einem der Herrenhäuser zum ersten Mal eine Tanne aufstellen ließ. Das war 1691. Hundert Jahre später gab es im

Der Tannenbaum für die Front: Weihnachtsbaum als Feldpostpaket, 1914-1918.

Wandsbeker Schloß eine Weihnachtsgesellschaft unter dem Tannenbaum, die aus Matthias Claudius, dem Grafen Stollberg, dem Buchhändler Perthes und dem Dichter Klopstock bestand. In ihren Briefen aus Paris erwähnt Liselotte von der Pfalz die lichtergeschmückten Buchsbäumchen, die sie bei ihrer Tante am Hof von Hannover kennengelernt hatte.

Der Weg in den Süden, in die katholisch gebliebenen Herrschaften und Königreiche, war im allgemeinen länger. In Österreich stellten sich deutsche Flüchtlinge vor Napoleon 1813 in Graz kleine Lichterbäume in die Stuben, doch der erste echte Familienbaum, im Glanz der Kerzen, stand 1814 in

Wien in der Annagasse, im Hause des Bankiers Adam Freiherr von Arnstein. Noch spielte Metternichs Geheimpolizei eine große Rolle, und da sie voller Mißtrauen staatsgefährliche Demonstrationen befürchten zu müssen glaubte, wurde einer von ihnen als Lakai bei den Arnsteins eingeführt, und dieser berichtete: »Bei Arnstein war vorgestern nach Berliner Sitte ein sehr zahlreiches Weihbaum- oder Christbaumfest ... Alle gebetenen, eingeladenen Personen erhielten Geschenke oder Souvenirs vom Christbaum. Es wurden nach Berliner Sitte komische Lieder gesungen ...«

Zwei Jahre später gab es nichts mehr zu befürchten, denn nun war der Baum an die allerhöchste Stelle gelangt. Erzherzog Karl, von allen als Sieger von Aspern verehrt, hatte die protestantische Prinzessin Henriette von Nassau-Weilburg geheiratet, und in ihrem Wiener Palais in der Seilerstätte hat ein Weihnachtsbaum gestanden, den sich nicht nur alle, die dem Erzhaus folgen wollten, sofort fürs nächste Jahr vormerkten, sondern der auch der politischen Lage entsprach. Metternichs Zensur und Spionagesystem ließ die Bürger häuslich werden, und es gab in einer Metropole wie Wien genug Vorbilder für diese neue Sitte. Der Burgschauspieler Heinrich Anschütz, aus dem protestantischen Sachsen, fuhr 1821 in

Tannenbaum und Christbaum

den verschneiten Wienerwald, um sich eine schöne Weihnachtstanne zu hauen, und schon wiederholte sich das Spiel. In den nächsten Wintern wurden »förmliche Waldungen nach Wien geschleppt, und alle Spielwarenhändler und Kaufleute richteten sich für die neuen Marktbedürfnisse ein«. Und so ging es weiter, 1830 kam die Lichtertanne mit Karoline, der Ehefrau Ludwigs I. in die Münchner Residenz. 1840 ließ sich die Herzogin von Orléans, eine gebürtige Prinzessin von Mecklenburg, einen Tannenbaum in den Tuilerien aufstellen, und als Albert von Coburg sein erstes Weihnachtsfest als Prinzgemahl der Queen Victoria feierte, war der Weihnachtsbaum dabei.

Das Werk ist vollbracht: Frisch gesägter Weihnachtsbaum.

Künstler, Könige und Reisende:

Goethe soll den ersten Christbaum als Student bei Körner in Leipzig gesehen haben.

Fanny Hensel, geborene Mendelssohn, schrieb 1839 aus Rom an ihre Familie in Berlin: »Der Weihnachtsbaum war aus Zweigen von Zypressen, Myrten und Orangen, mit vielen Früchten beladen, aufgebaut und sah sehr gut aus.«

Noch aber war die Tanne etwas Extravagantes, nichts für die Allgemeinheit. Das haben erst Kriege geändert. 1815 brachten preußische Offiziere die Tanne nach Danzig. In der Zeit der napoleonischen Kriege war die Weihnachtstanne ein Zeichen des Deutschtums gewesen, und gerade in dieser Zeit, in der wahrhaftig genug Soldaten kreuz und quer durch Europa ziehen mußten, haben Fremde sie in Deutschland kennengelernt, und Deutsche haben sie in den fernsten Winkeln Europas mit Kerzen geschmückt und angezündet.

1870/71 wurden kleine Lichtbäumchen auf besonderen Wunsch des preußischen Königs in allen Lazaretten und Unterständen aufgestellt, und die strahlende Tanne zwischen den Fronten betrachtete man noch als »Glanzpunkt« und als Symbol für »einen herrlichen Siegeslauf«.

Da die Tannensitte mit den Auswanderern nach Amerika geraten war, kam sie im Zweiten Weltkrieg mit den amerikanischen Soldaten zurück nach Europa, ins noch tannenbaumfremde Italien.

Als der Tannenbaum in die Stube geholt wurde, bemächtigten sich rasch die Familientraditionen seiner. Jeder schmückte den Baum auf seine Weise. Papier, Zischgold und goldene Pappe waren die ersten modernen Werkstoffe für den Weihnachtsschmuck. Das Zischgold war dünn geschlagenes Gelbmetall, meist Messingblech, die Pappe wurde zu Reliefs gepreßt, zu Sonnen und Sternen, im Biedermeier zu Körben voll Früchten und Blütenkränzen. Symbole

der »reichen Frucht« an Segen und göttlicher Gnade,

Erinnerung auch an den grünen Lebensbaum

mit seinen Blüten und die Tannen des Mittelalters, die mit Papierblumen geschmückt waren, auch mit Silberdisteln, Figuren aus Stroh und Ähren, mit Gestecken aus Bucheckern, Zapfen und Vogelbeeren, Holzlocken oder Sternen aus Holzspänen.

Als die Armut der Jahre nach den napoleonischen Kriegen jedermann zwang, mit den einfachsten Mitteln zu arbeiten, wurde Papier gefaltet und ausgeschnitten. So entstanden lange Ketten, Girlanden und kunstreiche Körbe, deren Blumeninhalt allmählich weltliche Bedeutung annahm. Die Freundschaft und die Treue wurden hochgeachtet, und das Herz wird Sinnbild für ganz irdische herzliche Zuneigung und Liebe.

Eine Erinnerung, die tiefer geht, ist die

Jacobs- oder Himmelsleiter,

aus weißem oder goldenem Papier ausgeschnitten und so lang, wie die Weihnachtstanne hoch ist. Denn diese Leiter soll zeigen, daß uns immer der Weg in den Himmel offensteht – so wie es damals Jacob erlebt hatte, den das schlechte Gewissen in die Fremde getrieben hatte, weil er seinen Bruder für ein Linsengericht um sein Erstgeburtsrecht betrogen hatte. Nun wollte er sich vor Gott und seiner Rache verbergen, aber im Traum sah er eine Leiter, die vom Himmel bis zur Erde reichte, und Engel gingen darauf auf und nieder. So sagt diese Leiter bis heute, daß wir niemals verloren sind, daß Gott immer auf uns wartet.

Da liegt die Bescherung, nach einem Gemälde von A. Lüben, 1877.

Der kleine Tannenbaum

Manfred Kyber (1880-1933) erzählt die Geschichte von einem kleinen Tannenbaum, der ganz groß rauskommen wollte.

MANFRED KYBER

Es war einmal ein kleiner Tannbaum im tiefen Tannenwalde, der wollte so gerne ein Weihnachtsbaum sein. Aber das ist gar nicht so leicht, als man das meistens in der Tannengesellschaft annimmt, denn der heilige Nikolaus ist in der Beziehung sehr streng und erlaubt nur den Tannen, als Weihnachtsbaum in Dorf und Stadt zu spazieren, die dafür ganz ordnungsmäßig in seinem Buch aufgeschrieben sind. Das Buch ist ganz schrecklich groß und dick, so wie sich das für einen guten alten Heiligen geziemt, und damit geht er im Walde herum in den klaren, kalten Winternächten und sagt es all den Tannen, die zum Weihnachtsfeste bestimmt sind. Und dann erschauern die Tannen, die zur Weihnacht erwählt sind, vor Freude und neigen sich dankend, und dazu leuchtet des Heiligen Heiligenschein, und das ist sehr schön und sehr feierlich.

Und der kleine Tannenbaum im tiefen Tannenwalde, der wollte so gerne ein Weihnachtsbaum sein.

Aber manches Jahr schon ist der heilige Nikolaus in den klaren Winternächten an dem kleinen Tannenbaum vorbeigegangen und hat wohl ernst und geschäftig in sein erschrecklich großes Buch geguckt, aber auch nichts und gar nichts dazu gesagt. Der arme kleine Tannenbaum war eben nicht ordnungsmäßig vermerkt – und da ist er sehr, sehr traurig geworden und hat ganz schrecklich geweint, so daß es ordentlich tropfte von allen Zweigen.

Wenn jemand so weint, daß es tropft, so hört man das natürlich, und diesmal hörte das ein kleiner Wicht, der ein grünes Moosröcklein trug, einen grauen Bart und eine feuerrote Nase hatte und in einem dunklen Erdloch wohnte. Das Männchen aß Haselnüsse, am liebsten hohle, und las Bücher, am liebsten dicke, und war ein ganz boshaftes kleines Geschöpf. Aber den Tannenbaum mochte es gerne leiden, weil es oft von ihm ein paar grüne Nadeln geschenkt bekam für sein gläsernes Pfeifchen, aus dem es immer blaue ringelnde Rauchwolken in die goldene Sonne blies – und darum ist der Wicht auch gleich herausgekommen, als er den Tannenbaum so jämmerlich weinen hörte, und hat gefragt: »Warum weinst du denn so schrecklich, daß es tropft?«

Da hörte der kleine Tannenbaum etwas auf zu tropfen und erzählte dem Männchen sein Herzeleid. Der Wicht wurde ganz ernst, und seine glühende Nase glühte so sehr, daß man befürchten konnte, das Moosröcklein finge Feuer, aber es war ja nur die Begeisterung, und das ist nicht gefährlich. Der Wichtelmann war also begeistert davon, daß der kleine Tannenbaum im tiefen Tannenwalde so gerne ein Weihnachtsbaum sein wollte, und sagte bedächtig, indem er sich aufrichtete und ein paarmal bedeutsam schluckte:

»Mein lieber kleiner Tannenbaum, es ist zwar unmöglich, dir zu helfen, aber ich bin eben ich, und mir ist es vielleicht doch nicht unmöglich, dir zu helfen. Ich bin nämlich mit einigen Wachslichtern, darunter mit einem ganz bunten, befreundet, und die will ich bitten, zu dir zu kommen. Auch kenne ich ein großes Pfefferkuchenherz, das allerdings nur flüchtig – aber jedenfalls will ich sehen, was sich machen läßt. Vor allem aber weine nicht mehr so schrecklich, daß es tropft.«

Damit nahm der kleine Wicht einen Eiszapfen in die Hand als Spazierstock und

wanderte los durch den tiefen weißverschneiten Wald, der fernen Stadt zu.

Es dauerte sehr, sehr lange, und am Himmel schauten schon die ersten Sterne der Heiligen Nacht durchs winterliche Dämmergrau auf die Erde hinab, und der kleine Tannenbaum war schon wieder ganz traurig geworden und dachte, daß er nun doch, wieder kein Weihnachtsbaum sein würde. Aber da kam's auch schon ganz eilig und aufgeregt durch den Schnee getapft, eine ganz kleine Gesellschaft: der Wicht mit dem Eiszapfen in der Hand und hinter ihm sieben Lichtlein – und auch eine Zündholzschachtel war dabei, auf der sogar was draufgedruckt war und die so kurze Beinchen hatte, daß sie nur mühsam durch den Schnee wackeln konnte.

Wie sie nun alle vor dem kleinen Tannenbaum standen, da räusperte sich der kleine Wicht im Moosröcklein vernehmlich, schluckte ein paarmal gar bedeutsam und sagte: »Ich bin eben ich – und darum sind auch alle meine Bekannten mitgekommen. Es sind sieben Lichtlein aus allervornehmstem Wachs, darunter sogar ein buntes, und auch die Zündholzschachtel ist aus einer ganz besonders guten Familie, denn sie zündet nur an der braunen Reibfläche. Und jetzt wirst du also ein Weihnachtsbaum werden. Was aber das große Pfefferkuchenherz betrifft, das ich nur flüchtig kenne, so hat es auch versprochen zu kommen, es wollte sich nur noch ein Paar warme Filzschuhe kaufen, weil es gar so kalt ist draußen im Walde. Eine Bedingung hat es freilich gemacht: Es muß gegessen werden, denn das müssen alle Pfefferkuchenherzen, das ist nun mal so. Ich habe schon einen Dachs benachrichtigt, den ich sehr gut kenne und dem ich einmal in einer Familienangelegenheit einen guten Rat gegeben habe. Er liegt jetzt im Winterschlaf, doch versprach er, als ich ihn weckte, das Pfefferkuchenherz zu speisen. Hoffentlich verschläft er's nicht!«

Als das Männchen das alles gesagt hatte, räusperte er sich wieder vernehmlich und schluckte ein paarmal gar bedeutsam, und dann verschwand es im Erdloch. Die Lichtlein aber sprangen auf den kleinen Tannenbaum hinauf, und die Zündholzschachtel, die aus so guter Familie war, zog sich ein Zündholz nach dem anderen aus dem Magen, strich es an der braunen Reibfläche und steckte alle die Lichtlein der Reihe nach an. Und wie die Lichtlein brannten und leuchteten im tiefverschneiten Walde, da ist auch noch keuchend und atemlos vom eiligen Laufen das Pfefferkuchenherz angekommen und hängte sich sehr freundlich und verbindlich mitten in den grünen Tannenbaum, trotzdem es nun doch die warmen Filzschuhe unterwegs verloren hatte und arg erkältet war. Der kleine Tannenbaum aber, der so gerne ein Weihnachtsbaum sein wollte, der wußte gar nicht, wie ihm geschah, daß er nun doch ein Weihnachtsbaum war. Am anderen Morgen aber ist der Dachs aus seiner Höhle gekrochen, um sich das Pfefferkuchenherz zu holen. Und wie er ankam, da hatten es die kleinen Englein schon gegessen, die ja in der Heiligen Nacht auf die Erde dürfen und die so gerne die Pfefferkuchenherzen speisen. Da ist der Dachs sehr böse geworden und hat sich bitter beklagt und ganz furchtbar auf den kleinen Tannenbaum geschimpft.

Dem aber war das ganz einerlei, denn wer einmal in seinem Leben seine heilige Weihnacht gefeiert hat, den stört auch der frechste Frechdachs nicht mehr.

Kugeln aus Glas

Von den Prototypen des modernen Baumschmucks und ihrer modischen Verwandlung.

In der langen Geschichte des Weihnachtsschmuckes ist die Christbaumkugel ein Spätling. Apfel, Papierblume und Ei der frühen Zeit haben sich erst in Christbaumkugeln verwandelt, als und weil die Glasbläser im Thüringer Wald ihre Ketten aus wachsgefüllten Glaskugeln nicht mehr loswurden. Die Damenmode verlangte nämlich keine unechten »französischen« Perlen mehr, und die Glasbläser begannen, stattdessen Glasspielzeug herzustellen und experimentierten mit Christbaumschmuck, bliesen also Perlen so groß wie Äpfel. Das erste Angebot tauchte im Revolutionsjahr 1848 auf:

»Christbaumkugeln in drei verschiedenen Größen.«

Sie waren so blank und so groß wie diejenigen, die wir heute kaufen können, innen jedoch noch mit Blei oder mit Silbernitrat ausgegossen. Das erste hielt nicht so gut und strahlte auch nicht so hell und klar im Kerzenlicht. Das zweite ergab nicht nur einen prachtvollen Glanz, sondern war auch nicht so gesundheitsschädlich wie die Dämpfe des Bleis, in dem die Kinder und Frauen mit den vom Vater geblasenen Kugeln hantieren mußten. Diese schlichten Kugeln aus buntem oder verspiegeltem Glas, Industrieprodukte, setzten sich in kürzester Zeit durch und wurden die Prototypen des modernen Baumschmucks. Fabrikmäßig und in Serien herzustellen, in so großen Mengen, wie man sie in den Gründerjahren zum ersten Mal und dann immer brauchte.

Seit der Gründung des Zweiten Reiches, des Kaiserreichs, garnierten Glaskugeln mit bunter Bemalung, mit aufgeklebtem Glimmer deutsche Tannen, und die Hoflieferanten der Königreiche und Fürstentümer nahmen Glas-Christbaumschmuck in ihr Angebot auf, in großer Pracht und Kunstfertigkeit. Denn die Glasbläser waren dazu übergegangen, die Kugeln, noch heiß und weich, in Formzangen zu pressen, so daß sich das Glas wie Wachs zu Äpfeln und Birnen, Pflaumen und Trauben, Glocken und Eicheln, Zapfen, Nüssen und Vögeln prägen ließ, die wie die Kugeln verspiegelt wurden oder bunt bemalt und beflittert. Wer eine große Kiste dieser Herrlichkeiten bestellte, erhielt auch einen »Engel mit Trompete und beweglichen Glasflügeln« und gratis Engelshaar, gesponnenes Glas, und 50 Konfekthalter dazu.

Denn nach den kargen patriotischen Fichten der Jahre, in denen die Preußinnen den Goldschmuck freiwillig von Hals und Fingern streiften, um Napoleon besiegen zu helfen, durfte es wieder etwas üppiger zugehen. Man hängte Gebäck für die Kinder in die Zweige und allerlei Konfekt, also Zuckerwerk.

Immer wieder fällt der Weihnachtsbaum Moden zum Opfer. So hat Armgard von Arnim, Bettinas Tochter, für Hermann Grimm schwarzgoldene Scherenschnitte von Volkstums- und Märchenszenen geschnitten, zarte Andeutung auf des Beschenkten Arbeit und Interessen. Meist war das Zitat gröber: Die Tanne muß Reklame machen für Prestige und Standesstolz. Mit Fächern und Spitzen dekoriert wird ihr nicht nur Diamantschmuck für Madame an einen Zweig gehängt, auch ihre Kugeln bekommen eine facettierte und mit Reflexen versehene raffiniert gewellte Oberfläche, so

daß sie wie Riesenjuwelen funkeln.

Im Weihnachtsbaum, wie ihn Theodor Storm 1864 in seiner Novelle beschreibt, kreuzen sich die Modeströme. Da packt der aus Schleswig-Holstein in eine Gegend ohne Tannen vertriebene Amtsrichter so viel aus der Kiste, die samt Baum als Geschenk aus der Heimat kommt, daß sich die Zweige bogen. Doch der gekränkte Patriotismus läßt den Amtsrichter an eine andere Tanne denken: »Es war damals eine bewegte Zeit. Sogar das Zuckerzeug zwischen den Zweigen war kriegerisch geworden: unsere ganze Armee, Soldaten zu Pferde und zu Fuß …«

Von der schleswig-holsteinischen Armee war einstweilen nach dem ersten preußisch-österreichischen Krieg gegen Dänemark nicht viel übrig geblieben, doch nach den folgenden preußisch-deutschen Siegen machte man sie nicht mehr aus Zucker, sondern aus haltbarem Glas. Um 1880 entstanden gläserne Weihnachtsmänner mit Pickelhauben, prägen Glasbläser Eiserne Kreuze in die Kugeln, nehmen diese die Form von Bomben und Granaten, einige Jahrzehnte später von silber glänzenden U-Booten an.

Eine Epoche später dekorieren Lebensrunen und Hakenkreuze die Kugeln, doch wer auf sich hielt, blieb bei der preußischen schlichten Fichte und schmückte sie nur mit Silberkugeln und weißen Kerzen.

Abermals ein paar Jahre später verschonte auch das Wirtschaftswunder die Tanne nicht und kleidete die Rauschgoldengel und die Kugeln in Brokat. Weihnachten wurde ein Anlaß für reine Dekoration, und die neue Üppigkeit machte vor nichts Halt. Es gibt viele, die den ganzen Dezember über fordern, man solle »diesen Weihnachtszauber abschaffen«. Schaut man aber in ihre Wohnzimmer, so funkelt dort zumindest eine Silberkugel im Kerzenlicht.

Unter dem Tannenbaum

Theodor Storm

Da klingelte draußen im Flur die Glocke, und die Haustür wurde polternd aufgerissen. »Wer ist denn das?« sagte Frau Ellen; und Harro lief zur Tür und sah hinaus. Draußen hörten sie eine rauhe Stimme fragen:

»Bin ich denn hier recht beim Herrn Amtsrichter?« Und in demselben Augenblicke wandte auch der Knabe den Kopf zurück und rief: »Knecht Ruprecht, Knecht Ruprecht!«

[Dieser nahm sein Gepäck und einen schweren Quersack von der Schulter, wünschte allen ein frohes Fest und schritt in die dunkle Nacht hinaus. Harro machte sich sogleich daran, den Quersack aufzubinden.]

Mit leuchtenden Augen brachte er einen flachen, grün lackierten Kasten geschleppt. »Horch, es rappelt!« sagte er; »es ist ein Schubfach darin!« Und als sie es aufgezogen, fanden sie wohl ein Schock der feinsten, weißen Wachskerzchen.

»Das kommt von einem echten Weihnachtsmann«, sagte der Amtsrichter, indem er einen Zweig des Baumes herunterzog, »da sitzen schon überall die kleinen Blechlampetten!«

Aber es war nicht nur ein Schubfach in dem Kasten; es war auch obenauf ein Klötzchen mit einem Schraubengang. Der Amtsrichter wußte Bescheid in diesen Dingen; nach einigen Minuten war der Baum eingeschroben und stand fest und aufrecht, seine grüne Spitze fast bis zur Decke streckend.

Die alte Magd hatte ihre Schüssel mit Äpfeln und Pfeffernüssen stehenlassen; während die anderen drei beschäftigt waren, die Wachskerzen aufzustecken, stand sie neben ihnen, ein lebendiger Kandelaber, in jeder Hand einen brennenden Armleuchter emporhaltend. – Sie war aus der Heimat mit herübergekommen und hatte sich von allen am schwersten in den Brauch der Fremden gefunden. Auch jetzt betrachtete sie den stolzen Baum mit mißtrauischen Augen. »Die goldenen Eier sind denn doch vergessen!« sagte sie. Der Amtsrichter sah sie lächelnd an: »Aber, Margret, die goldenen Tannäpfel sind doch schöner!« »So, meint der Herr? Zu Hause haben wir immer die goldenen Eier gehabt.« Darüber war nicht zu streiten; es war auch keine Zeit dazu.

Harro hatte sich indessen schon wieder über den Quersack hergemacht. »Noch nicht anzünden!« rief er, »das Schwerste ist noch darin!«

Es war ein fest vernageltes, hölzernes Kistchen. Aber der Amtsrichter holte Hammer und Meißel aus seinem Gerätkästchen; nach ein paar Schlägen sprang der Deckel auf, und eine Fülle weißer Papierspäne quoll ihnen entgegen. – »Zuckerzeug!« rief Frau Ellen und streckte schützend ihre Hände darüber aus. »Ich wittere Marzipan! Setzt euch; ich werde auspacken!« Und mit vorsichtiger Hand langte sie ein Stück nach dem anderen heraus und legte es auf den Tisch, das nun von Vater und Sohn aus dem umhüllenden Seidenpapier herausgewickelt wurde.

»Himbeeren!« rief Harro, »und Erdbeeren, ein ganzer Strauß!«

»Aber siehst du es wohl?« sagte der Amtsrichter, »es sind Walderdbeeren; so welche wachsen in den Gärten nicht.«

Dann kam, wie lebend, allerlei Geziefer; Hornissen und Hummeln und was sonst im Sonnenschein an stillen Waldplätzen umherzusummen pflegt, zierlich aus Tragant gebildet, mit goldbestäubten Flügeln; nun eine Honigwabe – die Zellen mochten mit Likör gefüllt sein –, wie sie die wilde Biene in den Stamm der hohlen Eiche baut; und jetzt ein großer Hirschkäfer, von Schokolade, mit gesperrten Zangen und ausgebreiteten Flügeldecken. »Cervus lucanus!« rief Harro und klatschte in die Hände.

An jedem Stück war, je nach der Größe, ein lichtgrünes Seidenbändchen. Sie konn-

ten der Lockung nicht widerstehen; sie begannen schon jetzt den Baum damit zu schmücken, während Frau Ellens Hände noch immer neue Schätze ans Licht förderten. Bald schwebte zwischen den Immen auch eine Schar von Schmetterlingen an den Tannenspitzen; da war der Himbeerfalter, die silberblaue Daphnis und der olivenfarbige Waldargus, und wie sie alle heißen mochten, die Harro hier vergebens aufzujagen gesucht hatte. – Und immer schwerer wurden die Päckchen, die eins nach dem anderen von den eifrigen Händen geöffnet wurden. Denn jetzt kam das Geschlecht des größeren Geflügels; da kam der Dompfaff und der Buntspecht, ein Paar Kreuzschnäbel, die im Tannenwald daheim sind; und jetzt – Frau Ellen stieß einen leichten Schrei aus – ein ganzes Nest voll kleiner, schnäbelaufsperrender Vögel; und Vater und Sohn gerieten miteinander in Streit, ob es Goldhähnchen oder junge Zeisige seien, während Harro schon das kleine Heimwesen im dichtesten Tannengrün verbarg.

Noch ein Waldbewohner erschien; er mußte vom Buchenrevier herübergekommen sein; ein Eichhörnchen von Marzipan, in halber Lebensgröße, mit erhobenem Schweif und klugen Augen. »Und nun ist's alle!« rief Frau Ellen. Aber nein, ein schweres Päckchen noch! Sie öffnete es und verbarg es dann ebenso rasch wieder in beiden Händen. »Ein Prachtstück!« rief sie; »aber nein, Paul; ich bin edelmütiger als du; ich zeig's dir nicht!«

Der Amtsrichter ließ sich das nicht anfechten; er brach ihr die nicht gar zu ernstlich geschlossenen Hände auseinander, während sie lachend über ihn wegschaute.

»Ein Hase!« jubelte Harro, »er hat ein Kohlblatt zwischen den Vorderpfötchen!« Frau Ellen nickte: »Freilich, er kommt auch eben aus des alten Kirchspielvogts Garten!«

»Harro, mein Junge«, sagte der Amtsrichter, indem er drohend den Finger gegen seine Frau erhob; »versprich mir, diesen Hasen zu verspeisen, damit er gründlich aus der Welt komme!« Das versprach Harro.

Der Baum war voll, die Zweige bogen sich; die alte Margret stöhnte, sie könne die Leuchter nicht mehr halten, sie habe gar keine Arme mehr am Leibe.

Aber es gab wieder neue Arbeit. »Anzünden!« kommandierte der Amtsrichter; und die kleinen und großen Weihnachtskinder standen mit heißen Gesichtern, kletterten auf Schemel und Stühle und ließen nicht ab, bis alle Kerzen angezündet waren.

Der Baum brannte, das Zimmer war von Duft und Glanz erfüllt; es war nun wirklich Weihnachten geworden.

Ein wenig müde von der ungewohnten Anstrengung saß der Amtsrichter auf dem Sofa, nachsinnend in den gegenüberhängenden großen Wandspiegel blickend, der das Bild des brennenden Baumes zurückstrahlte.

Frau Ellen, die ganz heimlich ein wenig aufzuräumen begann, wollte eben die geleerte Kiste an die Seite setzen, als sie wie in Gedanken noch einmal mit der Hand durch die Papierspäne streifte. Sie stutzte. »Unerschöpflich!« sagte sie lächelnd. – Es war ein Star von Schokolade, den sie hervorgeholt hatte.

»Und, Paul«, fuhr sie fort, »er spricht!« Sie hatte sich zu ihm auf die Sofalehne gesetzt, und beide lasen nun gemeinschaftlich den beschriebenen Zettel, den der Vogel in seinem Schnabel trug: »Einen Wald- und Weihnachtsgruß von einer dankbaren Freundin!«

»Also von ihr!« sagte der Amtsrichter, »ihr Herz hat ein gutes Gedächtnis.«

Theodor Storm (1817-1888, Auszug aus einer Novelle von 1864).

Gaben und Geschenke

Wie der Brauch entstand, anderen eine Freude zu bereiten.

Kain und Abel wollten sich bei ihrem strengen Gott für die gute Ernte bedanken und brachten ihm Brandopfer dar. Unsere Vorfahren hörten Wotans wilde Jagd durch die Winternacht krachen und legten ihm Opfergaben hin, damit er sie in seiner Wut verschone. Gaben aus Angst.

Zum neuen Jahr, dessen Beginn noch lange zwischen Weihnachten, dem 1. Januar und dem 6., dem Tag der Epiphanie, geschwankt hat, wurden Dienstverhältnisse gelöst, Beamte entlassen oder neue angestellt. Knechten und Mägden schenkte die Herrschaft zu dem Lohn ein neues Gewand, ein paar Leinenstücke und anderes für die Aussteuertruhe, und innerhalb der dörflichen Gemeinden wünschte man sich gegenseitig Glück und bescherte die Bäume mit einem Schluck Punsch, die Tiere mit dem Rest der Weihnachtsmahlzeit, die Vögel mit Gebäck oder mit den Weihnachtsgarben, die Obstbäume mit einem Löffel Honig, damit alles im nächsten Jahr sprösse und gediehe.

Gaben aus Dankbarkeit, vielleicht auch zur Beschwichtigung und als Bestechung gemeint.

Zur Zeit der Aufklärung wurde in den zahlreichen Erziehungsbüchlein den Eltern empfohlen, den Kindern zum Christfest keinen eitlen Tand, sondern Lehrreiches und Erhebendes zu schenken. Gaben, damit sich die Kinder zu den herrlichen Vernunftswesen emporentwickelten, Gaben der Hoffnung. Und wenn der junge kleine Mensch die Vernunft noch nicht schätzte, wenn er lieber faulenzte, die Schule schwänzte oder nicht den Befehlen des Vaters folgte, dann hatte er sich die Äpfel und Nüsse verscherzt, und die einzige Gabe war der Schlag mit der Rute.

Als das zum ersten Mal geschah, hat die Aufklärung wahrhaftig begonnen. Der Glaube an die Logik, an die Folgerichtigkeit von Ursache und Wirkung, an die klare Überschaubarkeit eines vernünftigen Lebens hat den an die unberechenbaren Kräfte der Natur endgültig abzulösen begonnen. Denn der Streich mit der Rute war ursprünglich keine Strafe, sondern im Gegenteil eine Verheißung. Die Rute wurde aus den dürren Zweigen gebunden, von Busch oder Baum im Winterschlaf, und die Berührung mit diesen noch in den Knospen verborgenen Wachstumskräften war eine Segensgeste, besonders wenn ein Kind oder ein junger Mensch die Rute schwang. Nun aber gehörte die Rute zur Pädagogik, und Geschenke wurden eine Belohnung für Wohlverhalten.

Doch nicht erst Ringelnatz dachte anders und dichtete:

»Ich hab dich so lieb / ich würde dir ohne Bedenken / eine Kachel aus meinem Ofen schenken.«

Geschenke sind auch und immer reine Gesten der Liebe gewesen, die sich selbst über eine verrückte Kachel freut. Irdische und himmlische Liebe: Eigentlich sind die Weihnachtsgaben, die wir uns bereiten, die ewige Nachahmung der Gaben, die die drei Weisen dem Jesuskind darreichten, die kostbaren Gaben der Könige, die kargen Gaben der Hirten, die als genauso kostbar gewertet wurden. In der christlichen Zeit unseres Landes haben die Heiligen das Schenken übernommen. Martin und Nikolaus kommen mit großen Säcken; in manchen Gegenden erschien eine mit mehlweißem Gesicht und Lichterkranz auf dem blonden Haar als Christkind verkleidete Frau und läutete mit einer Glocke, um die Kinder auf sich aufmerksam zu machen. Sind die Heiligen von närrischen Teufelsgestalten begleitet, nur knapp christlich legalisierte Poltergeister aus der Heidenzeit, vom Krampus oder von Pelzmärkte, vom Klaubauf oder Rumpanz, so hat auch die Christfrau einen polternden Begleiter gehabt, der die Kinder auch mit seiner Rute schreckte.

Die Geschenke waren auf jeden Fall nur für die Kinder bestimmt, und die Sitte blieb in manchen Gegenden noch bis zum vorigen Jahrhundert erhalten.

Im Biedermeier hängte man kleine Geschenkpäckchen hoch oben in den Baum, damit sie die Kinder nicht vorher erreichen konnten. Liselotte von der Pfalz berichtete aus dem Frankreich des Sonnenkönigs, daß man zu Weihnachten Tische wie Altäre herrichtete und jedes Kind mit allerlei Dingen ausstattete, wie neue Kleidung, Silberzeug, Puppen und Zuckerwerk.

Weihnachtlicher Gabentisch. Kolorierter Kupferstich aus der ersten Hälfte des 19. Jh.

Es ist heute fast vergessen, daß die Geschenke – und der Tannenbaum – eng mit der Geschichte des Protestantismus verbunden sind. Die Reformatoren beabsichtigten, sich auch in den profanen christlichen Sitten vom Katholizismus zu unterscheiden. Deshalb versuchten sie schon früh – also im 16. Jahrhundert –, das Weihnachtsfest von allen volkstümlichen heidnischen Bräuchen zu reinigen, die bäuerlichen Umzüge, Frau

Gaben und Geschenke

Perchta, Frau Holle, Julbock oder Klapperbock – kurz den ganzen Mummenschanz verschwinden zu lassen.

Dafür legten sie die Kinderbescherung, die bisher der Heilige Martin am 11. November und der Heilige Nikolaus am 6. Dezember vorgenommen hatten, auf den Weihnachtstag, um diesem Fest, das ihnen als eins der wichtigsten im christlichen Jahr galt, gerade bei den Kindern eine größere weihevolle Bedeutung zu geben.

Kostbare Geschenke gab es freilich bis ins 19. Jahrhundert hinein nur in den Familien der Fürsten, des Adels und der reichen Bürger. Ein Urbild des gabenreichen Weihnachtsbaumes war ein Nürnberger Christkindlbaum, der im Simplicianischen Wundergeschichts-Calender auf das Jahr 1795 geschildert wurde: »Der stand nun in einer Stube in der Ecke, und seine Zweige waren so ausgebreitet, daß sie fast die Hälfte der Decke der Stube bedeckten und man darunter stand wie unter einer Sommerlaube. An allen Ästchen und Zweigen hingen nun allerhand kostbare Konditor- und Zuckerwaren, als Engel, Puppen, Tiere und dergleichen, alles von Zucker: welches mit den Blüten des Baumes derartig harmonierte. Ferner hing auch vergoldetes Obst, von allen Sorten, in großer Menge daran, so daß man unter diesem Baum wie in einem Speisegewölbe sich befand... In der Mitte dieses Magazins befand sich der Heilige Geist in seiner gewöhnlichen Gestalt, als eine allerliebste schöne Taube von Zucker, zur Rechten hing das Christkind und zur Linken seine Mutter – gar niedlich anzusehen und alles

Der Weihnachtsmann hilft verkaufen: Schaufensterdekoration in New York.

Plakat der Konsum-Geschäfte zur Förderung des Weihnachtsumsatzes, 1950.

von Zucker, so ich beide, die Jungfrau Maria nebst ihrem Kinde, vor Liebe wohl hätte fressen mögen, wenn es erlaubt gewesen. Endlich war der ganze Baum, mit all seinen Zweigen und Früchten, mit einem goldenen Netz, das von vielen tausend vergoldeten und an Schnüren gereihten Haselnüssen gar künstlich zubereitet war, überzogen und mit Girlanden und Bandelotten wie an einem Kronleuchter geziert. Zwischen allen diesen unbeschreiblichen Kostbarkeiten leuchtete eine unzählige Menge Wachslichtlein hervor, wie Sterne am Himmel, welches ein prächtiger Anblick war ...«

Die Weihnachtspost

Die Gottesmutter Maria sitzt in einem Schiff, das von Engeln betrieben wird – so und ähnlich sahen die Festesgrüße, oft aus Klosterwerkstätten, in der Mitte des 15. Jahrhunderts aus. Das Schiff selbst ist Sinnbild für Maria, die uns die Fracht des Heils bringt. Daran erinnerten die Gebildeten bei uns einander, seitdem gedruckt werden kann. Und seitdem es feste und verläßliche Strecken für die Postkutschen gab, die von Posten zu Posten auch Briefe beförderten, entwickelte sich die Weihnachtspost. Im 19. Jahrhundert wurde es üblich, daß Kinder ihren Eltern auf verzierten, oft gold gerandeten oder geprägten Papierbögen Weihnachtsbriefe schrieben: Dank und Glückwunsch in einem, meist

Musterbeispiele zierlichster Schönschrift.

Der Wandel der Weihnachtspost begann im Jahre 1843 in London. Victoria war Königin, ihr Prinzgemahl Albert kam aus Coburg und hatte den ersten Weihnachtsbaum in England aufstellen lassen. »Eine Weihnachtsgeschichte« von Charles Dickens war gerade auf den Markt gekommen, und man konnte es sich leisten, behaglich Weihnachten zu feiern. Es war aber auch die Zeit technischer Neuerungen, und ein typischer Vertreter dieser frühen viktorianischen Jahre war Sir Henry Cole, ein Mann mit vielen Reformideen und kunsterzieherischen Interessen. Ihm wurde es nun zu viel, all seinen Briefpartnern und Geschäftsfreunden mit der Hand Weihnachtsgrüße zu schreiben. Deshalb beauftragte er den damals sehr

Gaben und Geschenke

bekannten Künstler J.C. Horsley, ihm eine Glückwunschkarte zu entwerfen, die man drucken konnte und nur unterschreiben und in den Briefkasten stecken mußte. Horsleys Zeichnung, eine fröhliche schwelgende und trinkende Tischgesellschaft, wurde akzeptiert, zu tausend Stück gedruckt und von einem professionellen Maler handcoloriert. Cole verschickte, was er brauchte, und der Rest der Karten wurde für einen Shilling das Stück verkauft. Daß diese Idee Mode machte, hängt nun wiederum mit der Reform der britischen Post zusammen. Damals waren die Postkarten gerade erst üblich geworden, und die Post entwarf einen Einheitstarif. Für einen Penny konnte man eine Postkarte innerhalb von England überall hinsenden. Es mag sein, daß deshalb das Rotkehlchen der englische Weihnachtsvogel geworden und auf vielen Weihnachtskarten zu sehen ist. Denn die englischen Postboten trugen Mitte des 20. Jahrhunderts leuchtend rote kurze Mäntel oder Frackjacken, und der damals höchst beliebte Romanautor Anthony Trollope nannte sie »Rotbrüste«.

Auf jeden Fall mußten nach Coles Prototyp keine weihnachtlichen Motive mehr die Festtagskarten schmücken. Sie verschwanden fast ganz. Die Karten zeigen statt dessen, wie eine Kultur- und Modegeschichte, wie man damals tafelte, wie die eleganten Damen gekleidet waren und welche Art der Schneelandschaften dem allgemeinen Geschmack entsprachen. Über diese Weltlichkeit ereiferten sich damals die englischen Puritaner, aber sie konnten weder gegen die allgemeine Säkularisierung, noch gegen die Rotkehlchen etwas machen. Originalität ging vor Christlichkeit, und man schickte sich mit Plüsch und Troddeln umrankte Karten oder solche aus purem Gold von Tiffany.

Die bekannteste Weihnachtskarte des 20. Jahrhunderts ist wohl das fröhliche Bild von fünf Mädchen, die um die Bänderkrone tanzen. Ein polnisches Kind hatte diese Szene 1946 auf Glas gemalt und als wortlosen Dankesbrief an die UNICEF geschickt, die Organisation, die unterdessen Millionen von Kindern vor dem Hungertod gerettet hat. Dieses Glasbild brachte die UNICEF auf die Idee, Weihnachtskarten drucken zu lassen und damit wieder Geld für die Kinder einzunehmen. Die Glasmalerei des polnischen Kindes wurde die Vorlage für die erste UN-Weihnachtskarte.

Weihnachten 1932.

Lieber junger Freund,
liebe junge Freundin!

Das Weihnachtsfest steht vor der Tür, aber ich glaube, der Weihnachtsmann wird Dir dieses Jahr nicht so viel bringen wie sonst. Er wird es auch merken, wie schlecht die Zeiten jetzt geworden sind.–

Ich hätte Dir nun zu gern das „Echte Wagner"-Album No 5 geschenkt, aber es gibt jetzt leider ein Gesetz in Deutschland, das solche Geschenke verbietet. Das Album darf ich also nur verkaufen und zwar kostet es 60 Pfg.– Vielleicht wollen Dir die Eltern oder eine gute Tante das Album zu Weihnachten schenken? Dann müssen sie es Eurem Händler sagen, der erzählt es dann meinem Vertreter und Du bekommst es so schnell wie möglich.– Mit den neuen Bildern für Album 5 beginne ich Anfang Januar. Sie sind noch schöner als die von Album 4. Sie zeigen Dir alle möglichen Tiere der Wildnis und der Eiswüste, nach Originalfotografien der bekannten Firma Hagenbeck in Stellingen.–

Du weißt ja, auf jedes halbe Pfund Echte Wagner gibt es eins von diesen schönen Bildern gratis!

Nun wünsche ich Dir ein recht frohes Fest, auch für das Jahr 1933 alles Gute, vor allem – – – Gesundheit!!

Herzlichen Gruß
Dein Onkel

Das Weihnachtsbild

Eine einfühlsame Erzählung über Geben und Verzicht von Eugen Roth (1895-1976).

Eugen Roth

Der altertümliche Herr, der dort kerzengerade, aber doch ein wenig wackelig, durch den nassen Dezembersturm geht, ist der Hofrat Farny. Kein Mensch weiß, warum er Hofrat ist, was er alles getrieben hat in seinem langen Leben, ob er Arzt war oder Gelehrter, Beamter vielleicht im alten Österreich; kein Mensch weiß auch, wovon er lebt, wovon er gelebt hat in all den Jahren, seit er hier aufgetaucht ist. (...)

Er war ein Sammler, ein Liebhaber, ja; und wie ein Liebhaber zog er jetzt aus, das Abenteuer zu suchen. Feurige Gedanken und kühne Hoffnungen bewegten sein Herz; es konnte ihm gelingen, den großen Fang zu tun, den unwahrscheinlichen Schatz zu heben. Und wie ein Freier davon träumt, der Braut zu begegnen, sie zu gewinnen, sie heimzuführen, wie er davon schwärmt, des herrlichen, nicht mehr bestrittenen Besitzes sich zu freuen, so gedachte der alte Hofrat, die noch leere Mappe durch den Winternachmittag tragend, in ahnender Lust der wunderbaren Stunde, da er seine Eroberungen daheim, unterm Lampenlicht auf den Tisch breiten würde, nicht heute, nein, da wird er sich bezwingen; aber morgen abend, am 24. Dezember, da wollte er es tun. (...) Dies sollte sein Weihnachten werden; seine Christbescherung. Mochten andere sich ein Bäumchen putzen, sich mit Geschenken überraschen – das lag weit hinter ihm. Zwei Frauen hatte er begraben, der einzige Sohn war ihm gefallen. Seitdem gehörte seine Liebe den kleinen Dingen am Rande der großen Kunst. Und wenn der Hofrat heute auszog, einen Fund zu tun, sein Weihnachtsgeschenk zu holen, dann dachte er nicht an meisterliche Kostbarkeiten; so unbescheiden kam er dem Schicksal nicht. Aber warum sollte er nicht das eine oder andere Blättchen finden, das wie für ihn bestimmt schien, das wie eine Sprosse war für die Leiter seiner eigenwillig ausgerichteten Sammlung, wohlfeil und doch nicht für alles Geld der Welt aufzutreiben, wenn es einem nicht der holde Zufall in den Weg warf. Und dieser Zufall, dieses Glück mußte heute mächtig sein. Der alte Mann witterte es. Mit dem gespannten Ausdruck eines Jägers klinkte er die Tür des ersten Ladens auf, den er bei seinem Pirschgang besuchen wollte. Den ergiebigsten Platz freilich, wo er sich wirklich Beute erhoffen durfte, sparte er sich bis zum Schluß auf: die Höllriegelsche Kunsthandlung an der Korbiniansbrücke.

Auf der Korbiniansbrücke stand in derselben Stunde ein anderer Herr müßig im leiser werdenden Schneetreiben, ein jüngerer Mann, gemessen am alten Hofrat, wohlvergraben im weichen Flauschmantel, mit festen Schuhen unbekümmert in der Nässe und schaute ins trübe Wasser hinab oder in die schon dämmernden Straßen hinein, bis zur Kirche, deren Turm im Dunst verschwand. Er hatte Zeit dazu herumzustehen, er hatte mehr Zeit an diesem Nachmittag, als ihm lieb war. Weiß Gott, er war sonst ein eiliger Mann, in Hamburg, wo er daheim war, ein vielbeschäftigter Architekt, Hansen hieß er und Zeit war Geld für ihn. Aber heute und hier, was sollte er treiben, den ganzen Nachmittag, in einer mittelgroßen fremden Stadt. Er war mittags gekommen, eine wichtige Besprechung mit den Behörden war auf morgen früh verlegt worden, eine dumme Geschichte, er mußte den Mittagszug noch erreichen, wenn er am Christabend, spät genug, noch daheim sein wollte.

Und was er morgen an Zeit zu wenig haben würde, das hatte er heute zu viel. (...) Er ging ein paar Schritte weiter, er sah gleichmütig in die Auslagen, voller passender Festgeschenke, für wen wohl passend, lächelte er, für ihn gewiß nicht. Er sah auch in die Fenster der Höllriegelschen Kunsthandlung, im halben Licht bot sich ihm ein Wust von Büchern und Trödel, von Möbeln, Teppichen, Bildern, Waffen und altem Kunstgewerbe. Und mit einmal lagen die nächsten Stunden freundlicher vor ihm: Hier würde er sie verschmökern, in zielloser Jagd nach dem glücklichen Zufall.

Er trat ein, fragte das verlegen aufwachende Mädchen mit fröhlicher Gelassenheit, ob er sich, ohne bestimmte Kaufabsicht, umsehen dürfe. (...)

Der alte Hofrat hatte recht gewittert: der holde Zufall, das Glück war heute mächtig. Nach einer Reihe von belanglosen Dingen, als er schon ermüden wollte, fand der Architekt das entzückendste Bildchen, das sich denken läßt. Beileibe kein Werk von großer Kunst, ja offenbar überhaupt von der Hand eines Stümpers, aber ein Bildchen, in das jeder empfindsame Mensch verliebt sein mußte, auf den ersten Blick. Rührend gezeichnet und in sauberen, ein wenig grellen Wasserfarben getuscht, stellte es ein Biedermeierzimmer am Christabend dar.

In der Mitte des Raumes stand der Gabentisch, mit einem hölzernen Reiter darauf, einem vierspännigen Planwagen und einer Puppenküche. Darüber zwei Christbäumchen, mit Lichtern geputzt und mit buntem Marzipan behängt. Der Vater steht dort, das jauchzende Jüngste im Arm, zwei Schwesterchen küssen sich, ein Bub schiebt ein Wägelchen, sein Geschenk, quer durch das Zimmer, Mutter und Großmutter aber schauen gerührt auf zwei weitere Geschwister, die ein paar arme Nachbarskinder bescheren. Auf dem mächtigen, weinroten Kanapee aber lehnt, völlig vergessen, eine allerliebst gekleidete Puppe.

Für jeden ist etwas dabei. Dezemberblatt aus einer Folge von Bilderbogen, nach 1850.

Der Architekt fragte, so beiläufig als er es in seiner Freude vermochte, was dieses Bildchen koste. Er machte sich insgeheim auf einen bedeutenden Preis gefaßt, entschlossen, ihn zu zahlen, wenn er nicht gar zu unsinnig wäre: Das Mädchen entzifferte die Auszeichnung und sagte stockend, als wäre es zu viel: Dieses Bildchen kostet fünf Mark. Der Kunde, der dreißig gerne gezahlt

Das Weihnachtsbild

hätte und bei fünfzig kaum schwankend geworden wäre, griff unverzüglich in die Tasche und legte ein blankes Fünfmarkstück auf den Tisch.

Im selben Augenblick ging die Tür und aus dem Schneedunkel traten zwei Männer herein, zwei Greise, ein kleiner, wieselflinker, der dienernd voranging, und ein großer, bolzengerader, der starr stehenblieb, als er, mit einem Blick, den Fremden gewahrte, über die Mappe gebeugt. Da habe er es noch gerade recht getroffen, rief der muntere Alte, er wisse ja, wann der Hofrat zu kommen pflege, und er habe ihm ja auch was besonders Schönes hergerichtet; er wisse, was er einem alten Kunden zu Weih–; er blieb mitten im Wort stecken, denn nun hatte auch er gesehen, daß die Blätter, die dieser Fremde durchforschte, eben die waren, die er für den Hofrat bestimmt hatte. (…)

»Sie sind fertig, mein Herr? Sie haben nichts gefunden?« rief er gierig und warf einen erlösten, einen sieghaften Blick auf den Hofrat; auch dieser trat, wie aus einem Bann gelöst, hastig näher. Der Architekt, ein wenig verwundert, aber nicht begreifend, sagte ganz ruhig, nein, er habe nichts weiter gefunden, außer diesem Bildchen, das er bereits gekauft und bezahlt habe. (…)

Der Alte zuckte schmerzlich zusammen; der Teufel hätte nicht tückischer wählen können als dieser zur Unzeit hergelaufene Kunde! Er hätte gar zu gern dem fremden Herrn dieses Bild wieder abgejagt, dieses Aquarell, das er seit einem halben Jahr verborgen gehalten hatte, um den Hofrat damit zu überraschen. Aber an dem Kauf war nichts zu drehen und zu deuteln. (…)

Der Architekt, der sich gern mit seiner Beute aus dem Staube gemacht hätte, denn es wurde ihm unbehaglich, gab mit ausgesuchter Höflichkeit dem alten Herrn das Bild. Der trat unter die Lampe und betrachtete es; was, betrachten! Mit den Augen verschlang er's, mit der Nase befuhr er's, mit den Lippen schmeckte er es; er würgte es gierig in sich hinein, dann wieder, wie vergessend, daß es ihm nicht gehöre, überglänzte er es mit seligen Blicken.

Dies sei, sagte er endlich, das erste Bild, das ihm unterkomme, auf dem die Christbäume hängend, von der Decke herab, dargestellt seien. (…)

Der Architekt, beschämt und unschlüssig, ob er etwas sagen sollte, nahm das Bild, rollte es zusammen, steckte es in die weite Brusttasche seines Mantels und verließ mit raschem Gruß den Laden, überzeugt, daß hinter ihm ein Wirbelsturm der Wut, der Verzweiflungen und Verwünschungen losbreche. Er kam sich, während er durch den inzwischen weiß und dicht gefallenen Schnee seinem Gasthof zustrebte, bald wie ein großartiger Glückspilz vor, bald wie ein flüchtender Attentäter. Das tapfere und hoffnungslose Gesicht des alten Herrn wollte ihm nicht aus dem Sinn, ja, es schwamm vor ihm her im zitternd rieselnden Schnee. (…)

Er ging auf sein Zimmer, holte das Bild aus der Tasche, betrachtete es, sorgfältig und ohne Überschwang. Sehr nett, dachte er, aber eigentlich nichts weiter. Wenn man es ohne Gnade beschaut, gibt es nicht viel her. Für den Hofrat freilich, den armen Alten, wird es zum verzehrenden Gaukelspiel des Unerreichten, schöner von Tag zu Tag. – Der Unglückliche! Tut mir leid, aber –

Er warf wieder einen Blick auf das bunte Blatt, es gefiel ihm jetzt über die Maßen, nie würde er es hergeben. Der Hofrat – was kümmerte ihn der Hofrat! – wird jetzt auch heimgekommen sein, nichts wird er haben, um es auf den Tisch zu breiten, an das Bild hier wird er denken, mit brennendem Herzen.

Der Architekt schalt sich selber einen gefühlsseligen Narren, warf das Bild in die Tischlade, machte sich für den Abend zurecht und trat wieder ins Freie. Heute werd' ich ordentlich eins trinken, dachte er. Und tat es auch. Über vieles wollte er nachdenken, ein einsamer Zecher, wie selten hatte er Muße dazu, so gut zu sitzen und die Gedanken schweifen zu lassen über die Jahre, die schon gelebten und die noch zu lebenden, ins Ungewisse hinein und mit welcher Kraft des Herzens. Aber wohin er seine Seele auch sandte, der alte Mann holte ihn ein, in hundert Verwandlungen, auf tausend Wegen kam er ihm entgegen, trat an den Tisch zu dem Trinkenden, flehte um das Bild.

Und jetzt erst recht nicht, sagte der Architekt und sagte es fast laut vor sich hin und setzte noch einen Schoppen drauf und noch einen. Und spürte doch, daß ihm das Bild nicht mehr gehöre.

Er ging spät in den Gasthof zurück, schlief schwer, erwachte wirr, sah, daß es schon hohe Zeit war, zu der Besprechung zu gehen, machte sich eilig fertig, frühstückte voll Hast und bestellte den Diener mit dem Koffer an die Bahn zu dem Mittagszug, mit dem er fahren wollte, den er unbedingt erreichen mußte.

Die Besprechung war anstrengend, der Architekt war ganz Fachmann und genauer Rechner, viel stand auf dem Spiel. Mit knapper Not wurde bis zur Mittagsstunde eine vorläufige Einigung erzielt, um 12 Uhr 36 ging der Zug, er stieg in das Taxi, auf dem Bahnhof war ein bewegtes Treiben, natürlich, am Tage vor Weihnachten! Mit dem Worte Weihnachten fiel ihm der Hofrat ein und das Bild – das Bild, das wahrhaftig jetzt im Hotel liegengeblieben war, im Schubfach!

Der Diener stand da mit dem Koffer. Es eilte sehr. »Hören Sie«, sagte der Architekt, »ich habe ein Bild liegenlassen –« »Wird nachgeschickt!« fiel ihm der Diener beflissen ins Wort. Aber der Reisende, indem er sich schon aufs Trittbrett schwang, lachte plötzlich, und es war das gute Lachen des Siegers, der sich selbst bezwingt:

»Nein«, rief er, »nicht nachschicken! Tragen Sie es gleich, jetzt, sobald Sie heimkommen, zu dem Antiquar an der Brücke, er soll es dem Hofrat bringen, dem es gehört. Und die fünf Mark, die es gekostet hat, soll er seiner Enkelin geben, als Schmerzensgeld, denn sie wird genug gescholten worden sein!« Und der Diener rief, dem fahrenden Zug nach, ein wenig ungewiß, was der Auftrag bedeuten solle, er werde es genau so ausrichten. Und er wünsche dem Herrn fröhliche Weihnachten.

Der Zug war überfüllt, aber der Architekt fuhr erster Klasse, es kam ihm nicht darauf an, das war heute ein Abschluß von Hunderttausenden gewesen. Und er war noch vergnügter darüber, daß er eine Sache in Ordnung gebracht hatte, im Wert von fünf Mark.

So billig, lachte er in sich hinein, so recht billig habe ich noch nie fünf Menschen eine Weihnachtsfreude gemacht: einem alten Mann, noch einem alten Mann, einem Mädchen, mir selber und, wenn ichs ihr erzähle, meiner Frau auch – und wenn ich ihr auch nichts mitgebracht habe als diese Geschichte. –

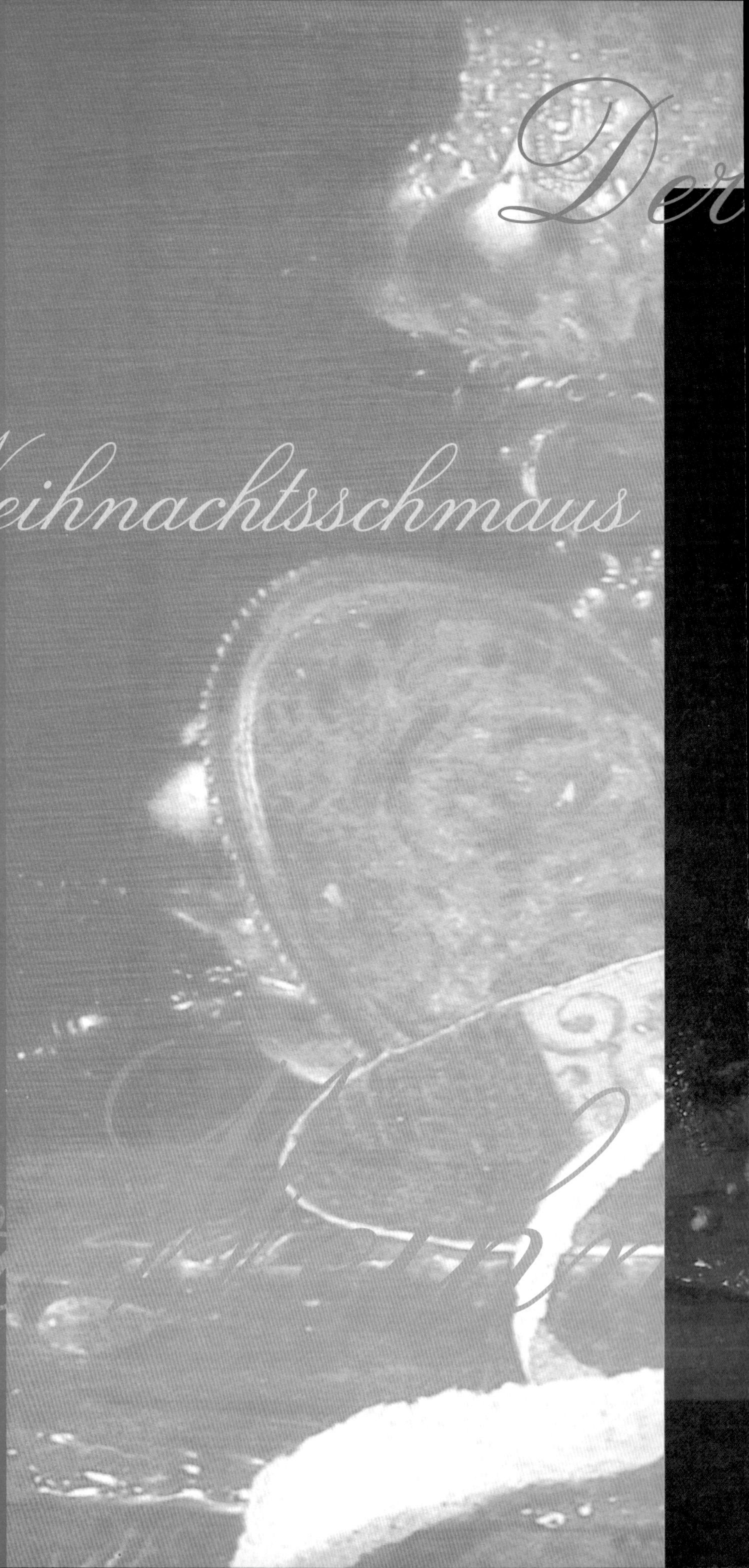

Der Weihnachtsschmaus

Weihnachtsschmaus

Das Julfest

Der Mensch besitzt gar nicht genug Wörter und Ausdrucksformen, um für alle Feste, zu denen das Jahr und die eigene Natur ihn drängen, eigene Regeln und Gesten zu erfinden. So muß das Julfest, wie man es sich nach den spärlichen Quellen vorstellen kann, ein erster Entwurf dessen gewesen sein, was im 20. Jahrhundert nach zwei Jahrtausenden Christentum aus Weihnachten geworden ist:

ein Fest mitten im Winter.

Ein Fest, das im Kreis der Familie mit einem gewaltigen Schmaus gefeiert wurde, bei dem man zeigte, was man hatte, und auftischte, was man sich nur leisten konnte.

Kein Fest in der Gemeinde also, kein Tempelfest, sondern ein Opferfest, bei dem man der Götter und Helden der alten Zeiten gedachte und ihnen und sich kräftig zuprostete. Und die den Göttern geweihten Eber und Hähne mit großem Appetite selber verzehrte. Und weil es nun nach diesen dunkelsten Tagen wieder heller werden würde, schwor man sich künftige Heldentaten und beschwor die Götter, für kommende Fruchtbarkeit zu sorgen. Deshalb, und weil es sonst nicht viel Dekoratives gab, schlug man in den zwölf Nächten Immergrünes und steckte die Zweige an die Wand: Wacholder und Rosmarin, Eibe und Mistel, Vogelbeeren und Stechginster, Tannen, Fichten und Föhren.

Gefeiert wurde die zwölf Rauchnächte lang, so genannt, weil der Hausvater an jedem Abend das ganze Haus ausräucherte, um auch den letzten bösen Geist zu verscheuchen.

Ein Fest mitten im Winter als weihnachtlicher Vorläufer.

Das Julfest hat seinen Namen vom gotischen Wort giuo, was Rat bedeutet und auf das Sonnensymbol der Julzeit hinweist. Sonnenräder, oft mit Stroh umwunden, wurden mitten im Schnee entzündet und die Hänge der Berge hinuntergerollt. Sie leben in den runden Weihnachtskringeln aus Teig oder Schokolade fort, die wir auf den Kuchenteller legen oder in den Christbaum hängen.

In den zwölf Nächten der Julzeit ruhten Streit, Waffen und Arbeit,

und man verfolgte statt dessen die feierlichen Umzüge der Götter. Zwölf Tage lang standen die Häuser jedem Gast offen, die Hallen waren mit Grün geschmückt, und jeder durfte sich seinen Julklotz aus dem Wald holen,

ohne als Waldfrevler bestraft zu werden. Lieder wurden gesungen und Festmähler aufgetischt. Man spielte Rätselspiele und tanzte, versorgte das Vieh so üppig wie sich selbst und besprühte den Acker mit würzigen Getränken.

Der Julklotz war früher ein ganzer Baumstamm, der am Heiligen Abend in die riesigen Kamine geschleppt und dort angezündet wurde. Der Julklotz sollte alle zwölf Nächte hindurch brennen und war mit Stechpalmen dekoriert. Er wurde als segensbringend betrachtet, und man grüßte ihn, wenn er auf der Straße vorübergetragen wurde. Die Asche und die Holzkohlenreste hob man auf und düngte damit die Felder oder kurierte krankes Vieh.

Als ein Weihnachtsgebäck tauchte der Klotz in England und in Frankreich als Nachspeise beim Weihnachtsmahl auf, während im skandinavischen Julbock, dem bandumflochtenen Tier aus Stroh, das auch im Weihnachtsfeuer landete, eine Variation des Weihnachtsstammes weiterlebt. Denn in manchen – wohl baumarmen – Küstengegenden war es üblich, statt des Holzklotzes geschmückte Strohbündel oder Reisigbündel in den Kamin zu stecken.

Auf jeden Fall ist der Julbock das Weihnachtstier Schwedens geworden. Es ist oft ein lebensgroßes Strohtier, das Thors Ziegenbock darstellen soll, der reiche Gaben auf seinem Rücken trägt. Im Julbock kann aber auch noch die Erinnerung an den Klapperbock weiterleben, einem ungestümen verkleideten Geist, der auch in den Alpenländern und Böhmen die Kinder stößt, wenn sie nicht beten wollen.

Julklapp ist die skandinavische Sitte, die sich auch in Pommern und Mecklenburg verbreitet hat, die Geschenke zu überreichen.

Der Schenkende klopft heftig an die Tür und wirft oder stößt seine Gabe in die Stube. Manchmal wird ein Handschuh aus Silberpapier über die Hand gewickelt, damit wirklich niemand erkennen kann, wem diese Hand gehört. Es ist bis heute Sitte geblieben, die Geschenke lustig oder überraschend zu verpacken und mit einem anonymen Gedicht zu versehen, das nekkend bis bissig sein darf. Der Spaß besteht darin, richtig zu raten, welches Geschenk von wem stammt.

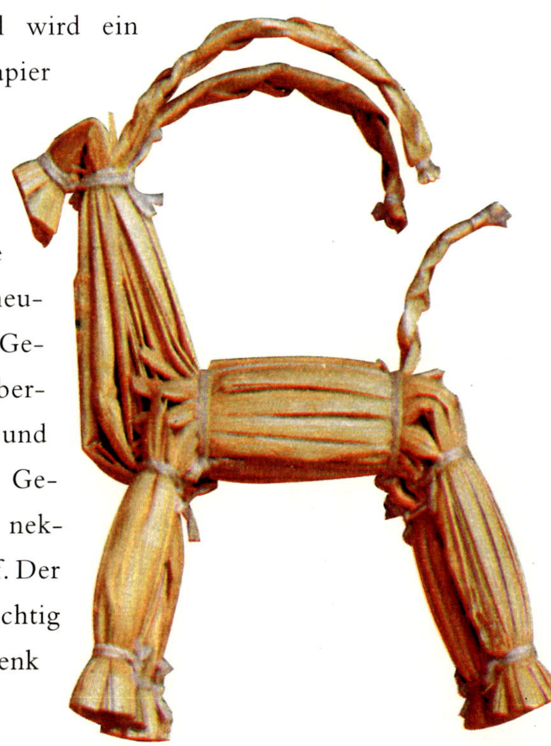

Erinnerung an den skandinavischen Julbock, einem bandumflochtenen Tier aus Stroh, das im Weihnachtsfeuer verbrannt wurde.

Zwerge und Grütze

Große Leckereien für kleine Hausbewohner. Oder: Was die Mandel in der Grütze zu suchen hat.

Schnee, der jeden Laut schluckt und auch in der Nacht noch glänzt und glitzert: Das ist ein Bild der Ruhe und des Friedens, und damals, als es noch keine Autos gab und keine Supermärkte, spielte sich das ganze Winterleben auf dem Lande unter den weißen, stillen Schneemützen der Häuser und Hütten ab.

Welche Kinder hatten schon Stiefel? Sie schlupften in Holzschuhe, wenn sie im Stall arbeiteten, und sie stopften sie sich mit wärmendem Stroh aus, wenn sie das Haus oder den warmen Stall verlassen mußten.

Mensch und Vieh warteten den Winter ab, und wenn der Herdrauch in das Stroh oder in die Dachschindeln stieg, knackte und wisperte es im Rohr und im Holz. Mäuse? Zwerge? Hast du nicht eine rote Kappe gesehen? Und die merkwürdigen Spuren morgens, im frisch gefallenen Schnee – haben die Zwerge nicht Vogelfüße, die sie verschämt unter ihren langen Kitteln verstecken? Wenn der Hahn sein schillerndes Federkleid schüttelt, sieht er im Dämmer des Dezemberabends wie der Zwergenkönig aus, und wer weiß, warum die Rösser des Nachts plötzlich schnauben und leise wiehern.

Wenn der Winter länger und härter ist als sonst, hält der Zwerg die Hühner und das Vieh im Stall ruhig, tröstet die Pferde über ihre Ungeduld. Und wenn das Haus eingeschneit und der Bauer nicht mehr zum Holzschuppen kommt, schleppt ihm der Zwerg mit seiner Familie einen Stamm durch den tiefen Schnee bis vor die Haustür.

Mensch und Vieh und Hausgeist, Nisse wie man in Dänemark sagt, Tomte in Schweden, lebten unter einem Dach. Auch ihre Nahrung stammte aus ein und demselben Sack und Eimer. Hafer für die Pferde, Hafergrütze für die Familie. Rübenschnitzel fürs Vieh, und Kraut und Rüben für die Menschen. Milch für die Kinder und Milch für die Katz.

Und was bekommen die Zwerge? In der Weihnachtsnacht, in der Heiligen Nacht sorgte der Hausvater für sie alle, schüttete den Kühen und Pferden und Schweinen und dem Federvieh gutes Futter in die Krippe, ging hinaus ins Dunkle und gab den Obstbäumen einen Schluck Weihnachtsmet zu trinken und bat alle, auch im kommenden Jahr fruchtbar und fett zu werden und ihm und den Seinen reiche Ernte zu bringen. Den Hauszwergen stellte er eine Satte mit Weihnachtsgrütze in den Stall, neben die Milchschüssel für die Katze.

In manchen Gegenden glaubte man, die Tiere bekämen in dieser Nacht des Jahres die Gabe der Rede, und sie sprächen mit den Zwergen auch über ihre Herrschaft und was die Zukunft ihnen brächte.

Es war jedoch gefährlich zu lauschen, *also viel sicherer, die Grütze so gut zu kochen, daß die Zwerge sie gerne aßen* und schon deshalb bei ihren Menschen blieben. Am Weihnachtsmorgen liefen die Kinder in den Stall und schauten nach, was aus der Grütze geworden war. Hatte der Zwerg sie am Ende verschmäht? Ach, wäre das ein Unheil gewesen! Aber meistens wird von säuberlich ausgeschleckten Satten berichtet, wenn auch der eine oder andere meint, es könne die Katze gewesen sein, die sich den süßen, milden Milchbrei einverleibt hat.

Danach bescherten die Kinder den Vögeln. Sie banden nicht gedroschene Hirse oder Haferähren zu einem dicken Büschel und klemmten es in die Astgabel eines Baumes. Die Weihnachtsgrütze wurde ursprünglich aus geschrotetem Getreide gekocht, aus Hafer oder Gerste, und man weiß, daß die Zwerge am liebsten Hafergrütze mochten. Doch der Reis hat schon im 18. Jahrhundert begonnen, vor allem die Hirse zu verdrängen. Er wurde von den Spaniern und von den Engländern über ihre ostindischen Handelskompanien nach Europa eingeführt, und es galt als vornehm, festtags Speisen mit Reis zu kochen: Hochzeitssuppen, Taufsuppen, Weihnachtsgrützen.

Wer zum Ursprung zurückkehren will, kocht Hafergrütze ganz festlich mit Rosinen, Mandeln und Sahne. In jede richtige Weihnachtsgrütze gehört eine einzige abgezogene ganze Mandel, und wer sie in seiner Portion entdeckt, hat das kommende Jahr nur Glück. Oder er bekommt die »Mandelgabe«, kann sich also etwas wünschen, was in Erfüllung geht.

Das ist die Geschichte von der Weihnachtsgrütze. In Dänemark gibt es jedes Jahr einen neuen silbernen Weihnachtslöffel. Man kann diese Löffel dem Patenkind schenken, bis es das Dutzend voll hat, man kann sie aber auch selber sammeln.

Und so wie die Grütze auch in der Stadt Tradition geworden ist, haben sich die Weihnachts-Nisse zu hellen Scharen vermehrt. Ein alter Tomte oder Nisse sieht mit seinem langen weißen Bart und seinem roten Rock wie ein kleiner Nikolaus aus, aber er ist ein echter Zwerg, versteht sich gut mit der Katze, und die Menschen können ihn nicht sehen.

Nur als Weihnachtsdekoration, und so wandern die Nisser über die Adventskalender, über die weihnachtlichen Tischläufer. Sie tummeln sich auf Weihnachtskarten und werden aus Pappe ausgeschnitten und neben die Kerzen auf die adventlichen Eßtische und in die Tannensträuße gestellt.

In der Scheune wohnt der Nisse, ein listiger Kerl, der mit einer Schüssel Haferbrei gnädig gestimmt werden soll.

Das Schwein

Der kulinarische Siegeszug von Odins schwarzem Eber.

Das rosige Tier, das mit wissenschaftlich ausgeklügeltem Futter so fett gemacht wird, daß es den EU-Vorschriften entspricht, hat nichts mit dem Tier zu tun, das einst Weihnachten geschlachtet wurde. Und am An-

fang der Geschichte, die zum Schweineschinken auf der festlichen Familientafel führt, steht auch nicht das Borstentier, das vom Schweinehirten im Herbst in die Eichen- und Buchenwälder getrieben wurde, damit es sich an der reichen Baumtracht mäste. Am Anfang steht ein wildes und mächtiges Tier, unzähmbar: der schwarze Eber,

das Tier des alten Odin,

der im blauen Mantel durch die Lande zieht, einsam, nur von Raben umkreist und von Wölfen begleitet. Manchmal kehrt er bei den Menschen ein. Er will wissen, was sie denken und planen, aber er selber denkt meist nur an den letzten entscheidenden Kampf, den er eines Tages mit seinen Mannen gegen das Böse und Zerstörende auf der Welt durchstehen muß. Auf diese Schlacht warten auch alle, die an einer Kampfeswunde gestorben sind, warten in Odins Burg Walhall. Jeden Morgen üben diese Geister-Helden mit ihren Waffen, und jeden Mittag finden sie sich in der großen Halle zusammen und essen von Odins Eber. So wird es in den alten Sagen erzählt.

Die Menschen aber haben sich vor Odin gefürchtet, vor allem vor seiner unterdrückten Wut, und wenn sie sich selber in ihre Halle setzten und schmausten, opferten sie ihm etwas von ihrer Speise, vor allem vom wilden oder vom Hausschwein. Und wenn Odin in den zwölf Nächten mit allem Getier im Sturm vorüberbrauste, mußte ein ganzer Eber als Opfer dran glauben.

So kam das Schwein zu jener Zeit übers Feuer, als fern im Süden, unter anderen

Sternen, das Kind Jesus geboren wurde. Und als die düsteren Geschichten vom alten Germanengott zu verblassen begannen, der ein Auge geopfert hatte, um die Weisheit eines Sehers zu erlangen und doch die Götterdämmerung nicht verhindern konnte, als dafür die Geschichte des Mannes aus Nazareth auch im Norden Europas erzählt wurde, da war gegen das Schwein nichts mehr zu machen.

Nun kam hinzu:

Im Dezember wurde ohnehin geschlachtet.

Zu Martini lieferten die Bauern und Pächter den Grundherren und den Klosterbrüdern ihre Naturalabgaben, und Schweine gehörten auf jeden Fall dazu. Also wurde gefeiert und gebraten und gepraßt, bis die Gürtel gelockert werden mußten. Dachte noch jemand an das alte Opfer? Die Küchenknechte trugen am Weihnachtstag auch nicht mehr den ganzen gebratenen Eber auf. Ein Teil des Ganzen reichte als Symbol, der Eberkopf nämlich. Er kam auf eine große Platte, wurde mit Stechginsterranken umlegt und einmal durch den Saal getragen. Aus dem Ginsterkranz wurde später ein Kranz aus kleinen Würsten, und aus dem Eberkopf wurde der handliche gekochte Schinken.

Und weil unterdessen die christlichen Symbole gepflegt wurden, legte man zwölf geschmorte Äpfel rund um den Schinkenbraten herum, für jeden Apostel einen. Oder man servierte den Schweinebraten mit drei Beilagen in Verehrung der Heiligen Dreifaltigkeit. Oder man vollendete ihn mit dreimal drei Kräutern oder Gewürzen.

Für den, der Weihnachten kocht, ist ein Schweineschinken ein ideales Stück. Man kann es friedlich im Herd braten lassen, weil es sich selbst mit dem ausschwitzenden Fett seiner Schwarte begießt, man kann den Braten leicht tranchieren. Man kann eine ganze Menschenschar mit einem Schinken sättigen.

Man kann, falls Reste bleiben, in den friedvollen zwölf Tagen immer wieder ein neues Schinkengericht auf den Tisch bringen.

Und wer nichts von Fleisch hält, drückt den Spekulatiusteig in ein Schweine-Model oder kauft sich eine ganze Tüte kleiner rosiger Marzipanschweine. Sie gehören eigentlich zum Silvesterabend, aber richtig sind sie auch zwischen Pflastersteinen, Brezeln und Weihnachtskringeln.

links unten: Beim üppigen Festmahl in Erwartung des nächsten Ganges.

Die Gans

Wie die englische Gans mit ihrer Verwandten vom Festland zur Weihnachtsgans verschmolz.

Sie ist ein schöner, schwerer Vogel, unter den Haustieren das älteste Hausgeflügel, watschelt auf einem ägyptischen Wandfries schneeweiß und stolz zwischen ihren Vorfahren, den Graugänsen. Unsere Vorfahren haben schon im Winter Gänsebraten gegessen, als es noch gar kein Weihnachten gab, haben die Knöchelchen in die Glut geworfen, und aus Resten, die uns die Erde bewahrt hat, läßt sich schließen, daß schon in der Jungsteinzeit, vor fünftausend Jahren, die Hütebuben ihre Gänseherden über die Wiesen getrieben haben. Gänseliesel und Frau Holle: Die Märchen bewahren die Bilder auf, und bis in die Neuzeit hinein gehörten das Gänseschlachten, das Rupfen und das Federspleißen zu den winterlichen Arbeiten in Hof und Haus. Theodor Fontane hat das blutige Opferfest beschrieben, Max Liebermann hat die Frauen mit ihren festgebundenen Kopftüchern in der Scheune gemalt, wo die leichten feinen Flaumfedern wie der erste Schnee in die Luft schwebten.

Der fette Braten und die stramm gestopften Federbetten,

das war die sichtbare Gänseernte. Die unvergängliche besteht jedoch aus den Geschichten und Märchen, die sich die Frauen beim Federspleißen erzählten. Es war eine langwierige und langweilige Arbeit, die Federn von den Kielen zu reißen, und deshalb wurde sie in der Gesellschaft der Nachbarinnen ausgeführt – sicher auch, um Licht zu sparen –, und es wurde dabei gesungen und reihum erzählt: das, was später Gelehrte und Dichter wie die Brüder Grimm, Ludwig Bechstein oder Eduard Mörike mit sorgfältig gespitzten Federkielen aufgeschrieben haben. Und sicher wurde vom heiligen Martin erzählt, durch den die Gans ihren ersten großen Auftritt im Winter hat.

Martin ist um 300 nach Christi als Sohn eines römischen Zenturios in Ungarn geboren, hat die Laufbahn des Vaters gewählt und kam im Lauf seiner Ausbildung in diesem ganzen römischen Europa herum. Zuerst diente er in Italien, dann reiste er mit Kaiser Julian in Gallien. Doch auf diesen Reisen muß er das Christentum kennengelernt haben,

und er beschloß, lieber Gottesstreiter als römischer Hauptmann zu werden.

Er ließ sich taufen und vollbrachte die Tat, die ihn berühmt machen sollte. Es war harter Winter, Martin ritt durch den Schnee aus dem Stadttor von Amiens und sah dort einen Bettler in seinen Lumpen kauern, der vor Kälte am ganzen Leibe zitterte. Da zog Martin seinen Mantel von den Schultern, hieb ihn mit dem Schwert mitten durch und gab die eine Hälfte dem Bettler im Schnee.

In der folgenden Nacht, erzählten sich die Frauen beim Federspleißen, ist ihm Christus der Herr im Traum erschienen und hat den halben Mantel umgehabt, den Martin dem Bettler gab. Die Frauen erzählten sicher auch seine andere Gänsegeschichte: Wie Martin dann in Poitiers die erste Klostergemeinschaft des noch längst nicht christlichen Abendlandes gegründet hat, und wie er zum Bischof gewählt werden sollte,

sich aber nicht würdig fühlte und im Gänsestall versteckt haben soll.

Die Gänse brachen in ein empörtes Geschnatter aus, so daß Martin doch entdeckt und der Bischof von Tours geworden ist. Dieses Verrates wegen ließ er der Legende nach auf der Stelle die Gänse schlachten – und ihm zu Gedenken wiederholen wir das in jedem Jahr am 11. November, seinem Namenstag.

Doch er und vor allem sein Mantel, die Capella, wie man die Kapuzenmäntel damals nannte, haben nicht nur in Legenden und Gänserupferinnengeschichten ihre Spur hinterlassen. Den streitbaren Heiligen erkoren sich die merowingischen Fürsten zum Schutzpatron. Seine Capella flatterte ihnen bei jeder Schlacht voraus und wurde dann als Reliquie in einer eigens gebauten und nach dem Mantel benannten Kirche, der Kapelle, aufbewahrt. So ging das weiter: Die Geistlichen, die dort die Messe lasen, wurden die Capellani genannt, die Kapläne, und die Musiker, die die Messen begleiteten, bildeten eine Capella. So gäbe es keine rechte Weihnachtsmusik ohne den heiligen Martin.

Martin teilt seinen Mantel mit dem Armen am Stadttor von Amiens. Glasfenster, 13. Jh.

Geflügel als Festschmaus

Bernardo Strozzi, Die Köchin, erste Hälfte des 17. Jh.

Der Gänsebraten aber ergab sich fast von selbst. Denn die Zeit vor der Wintersonnenwende ist im alten Bauernjahr die Schlachtzeit gewesen. Die Viehherden, die sich im Herbst fettgefressen hatten, wurden für den Winter bis auf die notwendigen Milch- und Zuchttiere vermindert, geschlachtet und geräuchert oder gedörrt oder auf andere Weise haltbar gemacht. Mit diesem Fleisch, mit Käse und fetten Gänsen wurden zu Martini, dem alten Zins- und Zahltag, die Pacht an den Grundeigentümer, die zum Winter entlassenen Dienstboten und andere Schulden bezahlt. Eine seit St. Bartholomä, dem 24. August, gemästete Gans bekam der Schulmeister von den Bauern, der Pfarrer sicher zwei. Doch wenn es ein schlechtes Jahr gewesen war, dann stimmte der Spruch:

»Martin ist ein harter Mann
für den, der nicht bezahlen kann.«

Wie die Martinsgans nun zur Weihnachtsgans geworden ist und den klassischen englischen Eber und Truthahn abgelöst oder doch eine Zeitlang verdrängt hat, erzählt eine andere Geschichte, die vielleicht auch eine Legende ist. Die große erste Elizabeth von England soll gerade am Heiligen Abend 1588 vor einer gebratenen Gans gesessen haben, als ihr die Nachricht vom Sieg ihrer Flotte über die spanische Armada gebracht wurde. Zur Erinnerung an diesen bedeutsamen Sieg wurde die Gans an jedem Jahrestag der Festbraten. Diese englische Gans ist dann auf die kontinentale Martinsgans gestoßen, und beide Legenden zusammen haben sich als unwiderstehlich erwiesen.

Und so, wie sie bei uns auf den Tisch kommt, ist die Gans so weihnachtsgerecht wie nur möglich. Sie, die einst mit ihrem Fleisch und Fett und dem üppigen Federkleid den Segen der Erdgöttin verkörperte, wird mit einer Fülle aus Äpfeln und Rosinen gestopft.

Das schmeckt vorzüglich und
zeigt die Süße und Kostbarkeit
von Gottes Gnade an.

Doch die gute und fromme Hausfrau legte stets ein pelziges Zweiglein oder eine Blüte vom Beifuß dazu. Das Kraut läßt den Magen das Fett besser verdauen, aber es erinnerte mit seiner Bitterkeit vor allem daran, daß auf jedes Weihnachten der Karfreitag folgt, daß kein Menschenleben ohne die Bitternis des Todes ist.

Die Geschichte von

MARGRET RETTICH

Margret Rettich, zeitgenössische Kinder- und Jugendbuchautorin, erzählt die Geschichte von der Weihnachtsgans, die doch keine werden sollte.

Einmal fand ein Mann am Strand eine Gans. Tags zuvor hatte der Novembersturm getobt. Sicher war sie zu weit hinausgeschwommen, dann abgetrieben und von den Wellen wieder an Land geworfen worden. In der Nähe hatte niemand Gänse. Es war eine richtige weiße Hausgans.

Der Mann steckte sie unter seine Jacke und brachte sie seiner Frau:

»Hier ist unser Weihnachtsbraten.«

Beide hatten noch niemals einTier gehabt, darum hatten sie auch keinen Stall. Der Mann baute aus Pfosten, Brettern und Dachpappe einen Verschlag an der Hauswand. Die Frau legte Säcke hinein und darüber einen alten Pullover. In die Ecke stellte sie einen Topf mit Wasser.

»Weißt du, was Gänse fressen?« fragte sie.

»Keine Ahnung«, sagte der Mann.

Sie probierten es mit Kartoffeln und mit Brot, aber die Gans rührte nichts an. Sie mochte auch keinen Reis und nicht den Rest vom Sonntagsnapfkuchen.

»Sie hat Heimweh nach anderen Gänsen«, sagte die Frau. Die Gans wehrte sich nicht, als sie in die Küche getragen wurde. Sie saß still unter dem Tisch. Der Mann und die Frau hockten vor ihr, um sie aufzumuntern. »Wir sind eben keine Gänse«, sagte der Mann. Er setzte sich auf seinen Stuhl und suchte im Radio nach Blasmusik.

Die Frau saß neben ihm am Tisch und klapperte mit den Stricknadeln. Es war sehr gemütlich. Plötzlich fraß die Gans Haferflocken und ein wenig vom Napfkuchen.

»Er lebt sich ein, der liebe Weihnachtsbraten«, sagte der Mann.

Bereits am anderen Morgen watschelte die Gans überall herum. Sie steckte den Hals durch offene Türen, knabberte an der Gardine und machte einen Klecks auf den Fußabstreifer. Es war ein einfaches Haus, in dem der Mann und die Frau wohnten.

Es gab keine Wasserleitung, sondern nur eine Pumpe. Als der Mann einen Eimer voll Wasser pumpte, wie er es jeden Morgen tat, ehe er zur Arbeit ging, kam die Gans, kletterte in den Eimer und badete. Das Wasser schwappte über, und der Mann mußte noch einmal pumpen.

Im Garten stand ein kleines Holzhäuschen, das war die Toilette. Als die Frau dorthin ging, lief die Gans hinterher und drängte sich mit hinein. Später ging sie mit der Frau zusammen zum Bäcker und in den Milchladen.

Als der Mann am Nachmittag auf seinem Rad von der Arbeit kam, standen die Frau und die Gans an der Gartenpforte.

»Jetzt mag sie auch Kartoffeln«, erzählte die Frau. »Brav«, sagte der Mann und strei-

Weihnachtsbraten

chelte der Gans über den Kopf, »dann wird sie bis Weihnachten rund und fett.«

Der Verschlag wurde nie benutzt, denn die Gans blieb jede Nacht in der warmen Küche. Sie fraß und fraß. Manchmal setzte die Frau sie auf die Waage, und jedesmal war sie schwerer. Wenn der Mann und die Frau am Abend mit der Gans zusammen saßen, malten sich beide die herrlichsten Weihnachtsessen aus.

»Gänsebraten und Rotkohl, das paßt gut«, meinte die Frau und kraulte die Gans auf ihrem Schoß. Der Mann hätte zwar statt Rotkohl lieber Sauerkraut gehabt, aber die Hauptsache waren für ihn die Klöße.

»Sie müssen so groß sein wie mein Kopf und alle genau gleich«, sagte er. »Und aus rohen Kartoffeln«, ergänzte die Frau.

»Nein, aus gekochten«, behauptete der Mann. Dann einigten sie sich auf Klöße halb aus rohen und halb aus gekochten Kartoffeln. Wenn sie ins Bett gingen, lag die Gans am Fußende und wärmte sie.

Mit einem Mal war Weihnachten da. Die Frau schmückte einen kleinen Baum. Der Mann radelte zum Kaufmann und holte alles, was sie für den großen Festschmaus brauchten. Außerdem brachte er ein Kilo extrafeine Haferflocken.

»Wenn es auch ihre letzten sind«, seufzte er, »soll sie doch wissen, daß Weihnachten ist.« »Was ich sagen wollte«, meinte die Frau, »wie, denkst du, sollten wir ... ich meine ... wir müßten doch nun ...« Aber weiter kam sie nicht. Der Mann sagte eine Weile nichts. Und dann: »Ich kann es nicht.« »Ich auch nicht«, sagte die Frau. »Ja, wenn es eine x-beliebige wäre. Aber nicht diese hier. Nein, ich kann es auf gar keinen Fall.«

Der Mann packte die Gans und klemmte sie in den Gepäckträger. Dann fuhr er auf dem Rad zum Nachbarn. Die Frau kochte inzwischen den Rotkohl und machte die Klöße, einen genausogroß wie den anderen.

Der Nachbar wohnte zwar ziemlich weit weg, aber doch nicht so weit, daß es eine Tagereise hätte werden müssen. Trotzdem kam der Mann erst am Abend wieder. Die Gans saß friedlich hinter ihm. »Ich habe den Nachbarn nicht angetroffen, da sind wir etwas herumgeradelt«, sagte er verlegen.

»Macht gar nichts«, rief die Frau munter, »als du fort warst, habe ich mir überlegt, daß es den feinen Geschmack des Rotkohls und der Klöße nur stört, wenn man noch etwas anderes dazu auftischt.«

Die Frau hatte recht, und sie hatten ein gutes Essen. Die Gans verpeiste zu ihren Füßen die extrafeinen Haferflocken. Später saßen sie alle drei nebeneinander auf dem Sofa in der guten Stube und sahen in das Kerzenlicht.

Übrigens kochte die Frau im nächsten Jahr zu den Klößen zur Abwechslung Sauerkraut. Im Jahr darauf gab es zum Sauerkraut breite Bandnudeln. Das sind so gute Sachen, daß man nichts anderes dazu essen sollte. Inzwischen ist viel Zeit vergangen.

Gänse werden sehr alt.

Der Karpfen

Blau, böhmisch oder bemoost – der Fisch für die weihnachtliche Fastenzeit.

Adventszeit ist Fastenzeit. Das wurde früher, auch noch als man Weihnachten in der Familie zu feiern begann, sehr viel ernster genommen. Nichts sollte vom Warten auf die Ankunft Christi ablenken, seinetwegen verzichtete man auf Fleisch und Milch. Das war freilich in den viel kargeren Zeiten des Mittelalters und den von großen Kriegen, Hungersnöten und Mißernten gezeichneten Perioden ohnehin kaum ein Opfer, eher eine Notwendigkeit. Außerdem war das Angebot der beim Fasten erlaubten Fische aus den noch reinen Fluß- und Seegewässern wesentlich reicher als heute.

Die Fastenzeit reicht vom ersten Adventstag bis zur Vigil von Weihnachten, also bis zur letzten Stunde des Heiligen Abends. Deshalb gehört der Heringssalat zu den klassischen und richtigen Speisen des 24. Dezembers, und wer ein festliches Essen auftischen will, bestellt sich einen Karpfen.

Der Karpfen steht nicht seit altersher auf der Liste der Weihnachts- und Silvester-Speisen, aber er schmückt sich mit allem, was sich in Glauben und Aberglauben auf Fische bezieht und gilt deshalb ebenso wie der Jul-Eber, der in bürgerlichen Zeiten zum Glücksschwein wurde, als gutes Zeichen. Das Schwein »wühlt sich immer vorwärts voran«, ein ebenso optimistischer, zielgerichteter Geselle also wie der Fisch, der rasch und unbeirrt vorwärts schwimmt. Wenn man es ganz richtig machen will, so ißt man den Fisch auch in dieser Richtung, vom Schwanz zum Kopf. In manchen Gegenden der Alpen hat die Seele, das unversehrte Grätengestell, als Orakel gedient: Wenn man sie an die Stubendecke warf und wenn sie dort am Gebälk kleben blieb, so kam der Fisch »in hundert Jahren als goldenes Rössel wieder«! Der Karpfen ist außerdem wie jeder Fisch ein uraltes Symbol für das Wasser, für Leben und Erneuerung und Fruchtbarkeit, und in diesem letzten übertrumpft er alle anderen Artgenossen. Ein Karpfenweibchen verfügt über Millionen Eier, und früher war es Sitte, mit Vorliebe einen Rogner zu kaufen. Das verhieß Reichtum und Potenz, und oft

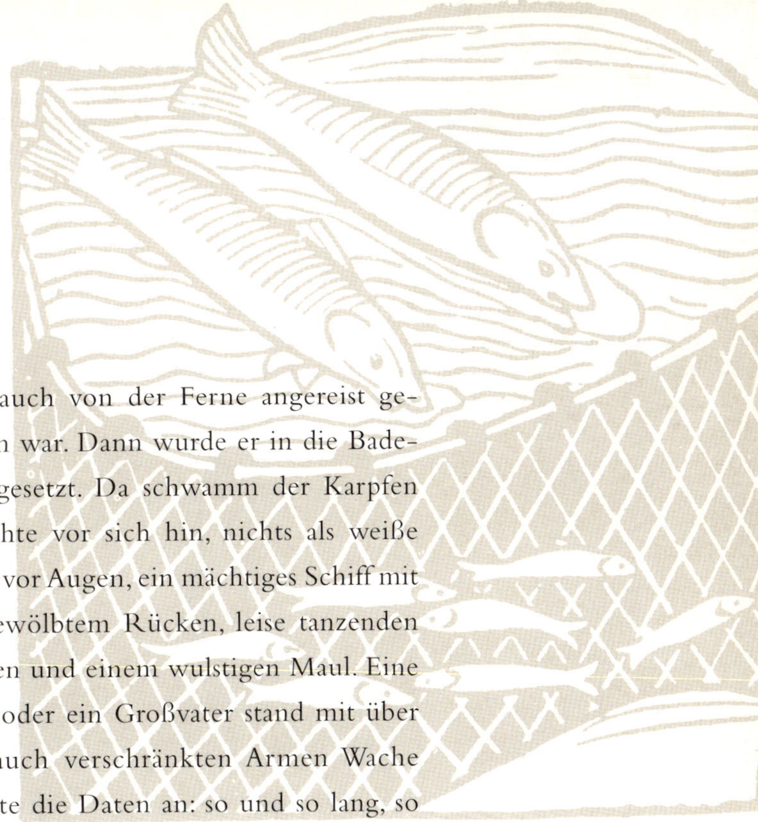

bekam der Hausvater als ersten Happen den Karpfenkaviar mit ein paar Tropfen Zitronensaft serviert.

Aber auch die anderen Gäste am Tisch konnten des Karpfenglücks teilhaftig werden.

Wer sich eine Schuppe in die Tasche oder die Geldbörse steckt, der wird bis zum nächsten Jahr den Beutel nie leer finden.

Natürlich nicht. Es steckt ja die Karpfenschuppe darinnen!

Für den frommen Christen ist der Fisch auch in diesem Sinne ein tröstliches Zeichen. Der Fluch, der in der Sintflut alle Fische traf, hat die Wasserbewohner verschont, und wenn der Mensch in der Taufe – früher: im Wasser – neues Leben erwirbt, so unterscheidet er sich von allen anderen, so wie es die Fische von allen anderen Tieren tun.

Schließlich sind die Buchstaben des griechischen Wortes für Fisch die Kürzel für Jesu Namen. Der Fisch war deshalb das – manchmal geheime – Erkennungszeichen der ersten, noch verfolgten Christen.

Für Kinder ist der Karpfen ein Stück Urnatur. Früher war es Sitte, den lebendigen Fisch zu kaufen, manchmal in Moos oder in Schnee verpackt nach Hause zu tragen, so wie er auch von der Ferne angereist gekommen war. Dann wurde er in die Badewanne gesetzt. Da schwamm der Karpfen nun sachte vor sich hin, nichts als weiße Emaille vor Augen, ein mächtiges Schiff mit hoch gewölbtem Rücken, leise tanzenden Bartfäden und einem wulstigen Maul. Eine Mutter oder ein Großvater stand mit über dem Bauch verschränkten Armen Wache und sagte die Daten an: so und so lang, so und so schwer. Am Festtag in der Früh wurde er geschlachtet. Alexandre Dumas, der kochende französische Dichter, hat in seinem großen Küchenlexikon erklärt, wie man den »modrigen Geschmack« des Karpfens beseitigt, der so lange im Teichschlamm gelebt und nach Ansicht unserer Vorväter »Thon und fette Erde« gefressen hat, daß er deshalb sumpfig schmeckt.

Nach Dumas flößt man dem Tier ein Glas starken Essig ein,

woraufhin der Fisch »auf der Stelle am ganzen Leib in eine Art Schweiß ausbricht, der beim Schuppen mit entfernt wird«. Danach soll der Karpfen so süß und köstlich schmecken, als stamme er aus fließenden Gewässern.

Es ist wohl auf diesen Rat zurückzuführen, daß noch in den Kochbüchern aus dem Anfang des 20. Jahrhunderts steht, man müsse den Karpfen tagelang vorm Schlach-

Der Karpfen

ten mit essiggetränkten Brotwürfeln füttern. In einem alten Kochlexikon der Wende zu diesem Jahrhundert ist das schon zu milchgetränkten Weißbrotbrocken abgemildert worden, und wir brauchen dem armen Karpfen ohnehin keinen sauren Tort mehr anzutun, denn unsere Weihnachtsfische sind keine Wildtiere mehr, sondern werden ohne Moder und Essig so ökonomisch gezüchtet, daß sie so gut wie möglich schmecken.

Seit wann der Karpfen bei uns heimisch ist, kann man nicht ganz genau sagen. Als das, was wir heute Deutschland nennen, christlich wurde, schwamm er wohl noch nicht in Germaniens Teichen und Flüssen. Der Geheimschreiber des Königs Theoderich scheint sich als erster auf Karpfen bezogen zu haben: Er beklagt sich, daß es auf der fürstlichen Tafel so wenig Delikatessen gäbe, vor allem fehle der Karpfen, der aus der Donau kommt.

Das war nun wirklich die Heimat der europäischen Karpfen. Sie wohnten in den Flußmündungen im Kaspischen und im Schwarzen Meer, und die einen behaupten, schon Karl der Große habe ihn auf seinen Gütern in Teichen gehalten, die anderen meinen dagegen, erst der mittelalterliche lateinische Name Cyprianus habe mit unserem Karpfen zu tun.

Auf jeden Fall haben sich die Mönche des Mittelalters des Karpfens und der Karpfenzucht angenommen. Sie haben entdeckt, daß der Karpfen ein Allesfresser ist, »das Schwein unter den Fischen«, und ein geborenes Haustier. Die Engländer sagen:

»Ein Wasserschaf,
genügsam und geduldig.«

Da die Klöster an allen Fastentagen und -wochen Fische brauchten, die sich leicht ziehen ließen und so groß wurden, daß sie viele Mönche satt machten, legten sie Fischteiche an und erfanden die Teichwirtschaft. Die berühmtesten Teichwirte arbeiteten in Böhmen, und heute noch heißt die Vorrichtung zum Ablassen der Teiche Mönch.

Den Mönchen wird auch die Zucht der Spiegelkarpfen mit ihren paar Schuppen und der kurzen hohen Form zugeschrieben. Die Fastenregel soll einen Fisch vorgeschrieben haben, der nicht seitlich über den Teller ragt.

Der Karpfen lädt Fischer und
Köche zu Übertreibungen ein.

Dumas behauptete, zweihundert Jahre alte Karpfen zu kennen, die noch Franz I. in die Teiche von Fontainebleau eingesetzt habe. Von vierzig Jahren Durchschnittsalter kann man jedoch getrost sprechen, wenn man wilde seltene Karpfen meint, die dann fünfundzwanzig bis dreißig Kilogramm

schwer werden. Der Zuchtkarpfen schmeckt am besten, wenn er drei Jahre alt ist und etwa zwei Kilogramm wiegt.

Unsere Karpfen stammen meist aus einheimischen Fischteichen in Bayern und Holstein, aber auch aus Böhmen, Ungarn oder Frankreich.

Rauhes Klima liebt der Karpfen nicht.

Weder in Schottland noch in Rußland hat die Zucht geklappt. Je wärmer das Wasser wird, desto wohler fühlt sich der Karpfen. Erst vor hundert Jahren sind die Karpfen nach Kalifornien und Australien gekommen und haben dort die Küstengewässer fast verseucht.

Karpfen blau mit Salzkartoffeln und Meerrettich-Sauce, das ist in Norddeutschland Sitte geworden und geblieben. Der böhmische Karpfen ist im Süden unseres Landes beliebter. Er wird in Stücke geschnitten, gespalten, wie man beim Karpfen sagt, und diese ziehen auf einer Sauce aus Fischsud, Zucker-Einbrenn, Lebkuchen, Mandeln und Rosinen gar.

Das schönste Gericht ist jedoch der bemooste Karpfen, wobei das Moos auf dem gekochten erkalteten Fisch aus einer kunstreichen köstlichen Mischung aus feingewiegten harten Eigelben und Zwiebeln, Gewürzgürkchen, Krebsfleisch samt Senf, Olivenöl und Mayonnaise besteht, in die Petersilienröschen wie echtes Moos gekräuselt gesteckt werden.

Das Weihnachtsmahl

Mit großer Erzählkunst beschreibt Joachim Maass (1901-1972) ein großbürgerliches Weihnachtsessen mit Karpfen.

JOACHIM MAASS

Nachmittags saß die Familie im Frühstückszimmer zu Tisch, die Eltern an den Schmalseiten, Jakob und Borbe nebeneinander an der einen Längsseite und Groggi ihnen gegenüber. Die Vorhänge waren zu und die brennende Lampe heruntergezogen, im Ofen glühte die Feuerschlacke hinter dem Marienglas, im Flur hörten sie den Speiseaufzug ruckweis hochgezogen werden, und Minna kam mit dem Tablett voll dampfender Tassen herein. Sie stellte vor jeden eine, das zarte weißgoldene Gefäß klirrte auf der Untertasse leise vom Zittern ihrer Hand, und die Bouillon glänzte goldig mit glitzernden Fettaugen. Sie pusteten, daß die glimmernde Goldfläche Wellchen warf und der Dampf dünn unter die Lampe wehte, die Mutter aß sorglich mit dem Teelöffel, doch der Vater, dessen großer Diamant auf dem kleinen Finger blitzte, hob die Tasse, blies und trank in kurzen Schlucken.

»Mama«, sagte Jakob und sah sie strahlend an, »Großpapa hat jedem von uns drei Mark geschenkt.« Groggi sagte: »Na, dann kauft mir man ordentlich was für heute abend.«

Die Tassen wurden abgestellt, und der Weihnachtskarpfen wurde aufgetragen, da lagen die großen taubenblauen Fische mit zartgerollten weißen Lippen ums traurige Maul und sturen weißen Glotzaugen flach auf der Porzellanschüssel und dampften unter die Lampe. Die Mutter legte Borbe vor, sie hob und zog achtsam die schuppige Haut von dem fetten Fleisch und faßte mit Fischmesser und -gabel die großen gekrümmten Gräten und schüttelte sie in den Abfallteller, sie schöpfte von der goldenen, weiß durchsahnten und salzüberschäumten Butter auf die Kartoffeln und klackte ein Berglein feinfädiger Meerrettichschlagsahne dazu, sie schob Borbe den Teller hin und sagte: »Iß aber vorsichtig, Kind, daß du keine Gräte verschluckst.«

Der Vater aß schon mit arbeitenden Muskeln in den Schläfen, die Serviettenecke im Kragen, wie es seine Gewohnheit war, er hob kauend die Flasche und schenkte in alle Gläser von dem Rheinwein, er zog die Serviette aus dem Kragen, noch kauend stand er auf, ging zur Mutter und beugte sich über sie, die Mutter hielt das stille schöne Gesicht schräg hoch, sie sahen sich an, die Mutter klopfte mit einem Lächeln seine Wangen, und der Vater küßte sie auf den Mund. Die drei Brüder hatten mit einem erwartungsvollen Lächeln ihre Gesichter hingewandt, auch Groggi, sie hielten die halbvollen Gläser in der Hand.

»Also Kinder«, sagte der Vater vergnügt und hob sein Glas, »geschenkt kriegt ihr ja nichts, aber anstoßen können wir deshalb doch – prost!«

Er stieß zuerst mit der Mutter an, die Brüder drängten alle mit ihren Gläsern hinzu, um ebenfalls mit ihr anzustoßen, es war ein allgemeines feines Klirren und Klingen der Gläser, und der Vater saß wieder und aß, zog mit Daumen und Zeigefinger eine Gräte zwischen den Lippen hervor und zerdrückte die Kartoffeln in der geschmolzenen Butter, er strich auf die gefüllte Gabel etwas Meerettichsahne und schob das Ganze in den Mund. In Borbe fieberte die Spannung des Festes, das Essen ging nun schon dem Ende zu, der Karpfen war verzehrt, Minna deckte stumm und klappernd ab.

Inzwischen war der Vater draußen beschäftigt, jetzt kam er herein und trug den großen dunklen Plumpudding mit einem bläulichen Geflamm brennenden Rums vor sich her. Er stellte den Pudding mitten auf den Tisch, die Lampe wurde hochgezogen und ausgedreht, und alle sahen in das feine geisterhafte Flackern, das kaum hörbar knisterte und zarte Schatten über ihre schauenden Gesichter spielen ließ. Dann teilte die Mutter auf, jedem eine dicke braune Scheibe mit Sukkadestückchen, schwarzen Korinthen und helleren tränigen Rosinen, manchmal flog ein blaues Flämmchen mit auf den Teller.

Sie aßen die hammelfettschwere, würzig-bittere Masse, und der Vater nahm dazwischen ab und zu einen Schluck Wein und rollte ihn im Munde, bevor er ihn hinunterschluckte und weiteraß. Er zog, sich in seinen Sessel zurücklehnend, die Weste über den Bauch hinunter. »Na«, sagte er, »über den gröbsten Hunger wären wir weg.«

Wie immer am Nachmittag des Heiligen Abend legten die Brüder sich, Groggi allein, Borbe und Jakob in Borbes Bett. Zuerst flüsterten und wisperten sie noch, doch dann überließen sie sich jeder seiner Erwartung, ihre Köpfe lagen still nebeneinander auf dem Kissen, und sie schauten vor sich hin in die Ofenglut. Im Zimmer war es dunkel, zu der Müdigkeit der schweren Sättigung kam das einschläfernde, leise knisternde Treiben und Flacken des Feuers hinter der Rose, über Holzfußboden, Möbel und Zimmerdecke spielte der matte rötliche Flammenschein, und darin lag der Terrier Fox und schlief, den Kopf schräg über den Vorderbeinen. Draußen hörten sie noch die Eltern flüstern und in den Keller hinabsteigen, und darüber fielen ihnen die Augen zu.

Als Minna sie weckte, trieb sie mächtig das Bewußtsein an, daß es jetzt nicht mehr lange dauern und dann soweit sein würde. Sie zogen sich voll fiebernden Eifers an, Borbe durch allerhand kleine Hantierungen von Jakob unterstützt, sie stiegen emsig in den Keller hinab, Groggi gesellte sich zu ihnen, und nun warteten sie alle in der großen Kachelküche, auch Minna stand im schwarzen Kleid und Spitzenschürzchen dabei, nur die Köchin rumorte noch in ihrer Stube. Doch als es dann endlich in all ihre Spannung und Erregung dreimal lang und scharf hineinklingelte und nach einer Sekunde schweigenden Aufhorchens die drei Brüder zur Treppe eilten, Groggi voran, dann Jakob und an seiner Hand Borbe, da flog auch ihre Tür auf, und sie folgte mit Minna dem stürmischen Zug.

Sie hasteten bis zum oberen Flur, hier sahen sie die Frühstückszimmertür offen und den flackernden Kerzenglanz darin stehen, es war, als hemmte sie die plötzliche Verwirklichung ihrer langen Sehnsucht; die Gesichter goldig angestrahlt, gingen sie langsam auf den bewegten Glanz zu und standen in der Tür und starrte in die vielen brennenden Kerzen, die sich in ihren Augen spiegelten …

Das Fest der Feste

Das Fest der Feste

Feste

Weihnachtsmann und Santa Claus

Wie der Weihnachtsmann und sein amerikanischer Bruder Santa Claus in die Welt kamen.

Beide sind Botschafter der Weihnachtsidee, kein PR-Mann hätte sie besser erfinden können. Beide sind Gestalten der Neuzeit, und beide Produkte der Presse, der maschinellen Möglichkeit, ein Bild rasch und immer wieder zu vervielfältigen, wenn es ein Renner wird, wenn es auf die Zustimmung und das Wohlgefallen der Käufer trifft, wenn es von allen also so dauerhaft akzeptiert wird, als hätten sie schon lange darauf gewartet. Oder als sei es immer schon dagewesen.

Das alles scheint für beide zu gelten. Denn als Moritz von Schwind, der Zeichner

und Maler aus Wien, der Bechsteins Märchen und »Des Knaben Wunderhorn« von Arnim und Brentano illustriert hatte, der Rübezahl malte und Genoveva im Walde, nach München gezogen war, baten ihn die Herausgeber der »Münchner Bilderbogen« um Zeichnungen für diese beliebten Einblattdrucke, die meist hohe Auflagen erlebten. Damals herrschte eine wahre Märchen- und Sagenbesessenheit: Die Brüder Grimm sammelten sie in Deutschland ebenso emsig wie Wissenschaftler und Dichter in England und Frankreich, und die Romantiker entwarfen in den Jahren nach den napoleonischen Kriegen ein Sehnsuchtsbild vom mittelalterlichen sagenhaften Reich der Deutschen, die sie sich schlicht und edel und nicht vom welschen Firlefanz verdorben vorstellten. Im Altdeutschen, wie sie es nannten, und im Märchen kamen ihnen die Tugenden so rein und natürlich entgegen, wie sie es sich erträumten.

1847 zeichnete Moritz von Schwind nun für Braun & Schneiders »Münchner Bilderbogen« ein Blatt mit der Bildergeschichte vom »Herr Winter«, der aus dem Walde in die Stadt gestapft kommt,

von den Armen vertrieben,
von den Modedamen verlacht, von
Dienstboten gequält,

von dem jungen Paar im Dachstübchen aber an der Wiege ihres Kindes willkommen geheißen und in den gemütlichen Ohrensessel gesetzt wird. Es war nicht nur diese rührende Geschichte eines alten, schlichten Mannes aus dem Walde, der endlich einen Ort findet, wo ihm Liebe eine Heimstatt gibt, es war die Gestalt, die ihm Moritz von

Der Weihnachtsmann als lustiger Großvater. Nach Thomas Nast, Christmas Drawings for the Human Race.

Schwind verliehen hat, und die den Erfolg erklärt: Sein Herr Winter ist kein stolzer Bischof auf einem Pferd, von poltrigen Knechten umgeben, sondern ein schlichter, alter Mann, allein, nicht im Ornat, sondern im einfachen, braunen, fast mönchischen Mantel, die Kapuze tief über den Kopf gezogen, dazu Fäustlinge, plumpe Stiefel, langer, weißer Bart. Der einzige Schmuck: ein Stechginsterkranz um die Kapuze, wie ein grüner Heiligenschein, wie eine Dornenkrone. Das einzige Attribut: eine kleine, kräftige Tanne, die Herr Winter wie ein kurzes Vortragkreuz im Arm hält.

Das war Herr Winter, der das Kindlein in der Wiege anlächelt und ihm ein blühendes Reis überreicht. Das war der Weihnachtsmann, ein säkularisierter Heiliger, dem Schwind mit instinktiver Sicherheit alles gelassen hat, was ihn mit der christlichen Tradition verbindet, und dazu alles mitgegeben hat, was er für die Zukunft brauchte. Er hat ein von der Kapuze so verschattetes Gesicht, daß er jedermann sein könnte, jeder Mann.

Er findet unbeirrbar den Weg zum Kind, zu der jungen Generation,

und das war die uralte christliche und dazu eine politische, eine moralische Botschaft, die auch die Hoffnung aller deutschen Länder vor 1848 enthielt. Damals war auch gerade Santa Claus in dem Lande entstanden, in das viele Deutsche und Engländer der Freiheit wegen ausgewandert waren. Manche Auswanderer wollten von der Alten Welt nichts mehr wissen, erst recht nichts von den Traditionen der Kirchenfeste.

Da waren es vor allem die Puritaner, denen es um die Reinheit, die puritas, der göttlichen Botschaft ging. Sie hatten sich von allem befreit, was nicht in der Heiligen Schrift steht. Also kein Tand und Mummenschanz, keine Heiligen, kein frommer Schnickschnack. Weihnachten pur.

Doch alles hat seine Zeit, und der Mensch braucht heimelige Bilder, um das Pure des Guten und Wahren auszuhalten. So ging dem Gelehrten Dr. Clement Moore, Professor für griechische und orientalische Sprachen an der späteren Columbia-Universität, an einem Winterabend im Jahre 1823 der Rhythmus der leise klingelnden Schlittenglöckchen seiner Pferde nicht aus dem Sinn, als er zu seiner Familie nach Chelsea heimfuhr.

Seite 114: Moritz von Schwind, ›Herr Winter‹. Das berühmte Motiv stammt aus dem Münchner Bilderbogen von 1847.

Der Weihnachtsmann baut oder repariert Spielzeug, das er dann den braven Kindern bringt.

Er setzte sich am Abend noch hin und schrieb für seine Kinder Margret, Charity, Benjamin, Mary, Clement und Emily ein Gedicht, »A Visit from St. Nicholas«, das zu dem klassischen Weihnachtsgedicht in den künftigen USA werden sollte.

Und so hat ihn sich Clement Moore ausgedacht. Auch er kein Bischof mit Schimmel und Ornat, sondern ein kleiner, knubbeliger Kerl im Pelz und mit einem Kugelbauch, der eine Stummelpfeife schmaucht und einen Schlitten mit acht Rentieren fährt, von denen jedes einen Namen hat. Er landet mit seinem Gefährt auf dem Dach, saust durch den Kamin, füllt die Strümpfe der Kinder – und schon ist er wieder weg.

Ein Konsum-Kobold.

Diesem Text fehlte nur noch ein Bild, und das lieferte Thomas Nast, Einwanderer-Sohn aus Landau in der Pfalz, hochbegabter Zeichner und Autodidakt, der als halbes Kind angefangen hatte, für eine amerikanische Zeitschrift zu arbeiten und ein gefürchteter politischer Cartoonist geworden war. Für »Harper's Weekly« lieferte er jedes Jahr eine Weihnachtszeichnung, und als er Moores Gedicht illustrierte, vollendete er das Bild von »St. Nick« so, daß es für alle Zeiten zum Santa Claus geworden ist:

fröhliches Gesicht, rote Nase,
Stummelpfeife, Trommelbauch,
roter Rock und rote Mütze mit
weißem Pelzbesatz.

Im Lauf der Zeit stattete Thomas Nast seinen Santa Claus mit der gehörigen Kulisse aus, mit den eigenen Quellen: das Heim am Nordpol, der Stall für die Rentiere, die Werkstatt, die überquellende Fülle der Spielsachen, an denen Santa Claus das ganze Jahr arbeiten oder reparieren muß, und überall als Schmuck die Stechpalmen und die Mistelzweige.

Santa Claus ist selbst eine Figur wie ein Spielzeug und wurde auch rasch ein Teil der Geschenkindustrie, die er bereits beschwor. Dieses Schicksal teilt er mit dem Weihnachtsmann.

Ein Besuch von Santa

Das klassische Weihnachtsgedicht der USA von Dr. Clement Moore aus dem Jahr 1823. Der Siegeszug von Santa Claus konnte beginnen.

CLEMENT C. MOORE

Es war die Nacht vor dem Fest, als keiner im Haus,
kein Geschöpf sich mehr regte, nicht einmal eine Maus.
Die Strümpfe baumelten schon vorm Kamin,
der Heilige Claus schaut hoffentlich hin!

Die Kinder schlummerten schlafwarm im Bett
und träumten von Naschwerk, das jeder gern hätt.
Und ich in der Nachtmütz, Mamachen mit Haube,
entspannten den Geist mit sanftem Geschnaube.

Da poltert es draußen im Garten so laut,
daß ich aufsprang und rasch wie die Winterwindsbraut
zum Fenster gestürzt bin, zum Vorhang, und dann
alles weggerafft hab, daß ich rausschauen kann.

Der Mond lag so taghell auf frischweißem Schnee,
daß ich alles erkennen konnt, wie aus der Näh.
Und was bot den erstaunten Augen sich an?
Ein winziger Schlitten mit Rentiergespann.

Auf dem Kutschbock ein Alter, ganz lebendig und quick.
Da wußte ich gleich: Das ist der Sankt Nick.
Und rasch wie die Adler die Rentiere kamen.
Ein Pfiff und ein Schrei, dann rief Nick sie beim Namen:

»Hü Dasher! Hü Dancer! Hü Prancer und Vixen!
Los Comet! Los Cupid! Los Donner und Blitzen!
Jetzt über die Tür, jetzt rauf auf die Mauer,
und zieht doch, und zieht! Macht's mir nicht so sauer!«

Wie Herbstlaub, im Sturm nur ein wildes Gewimmel,
vor einem Hindernis aufstäubt, empor bis zum Himmel,
so flogen zum Hausdach die Rentiere auf,
mit dem Schlitten voll Spielzeug, Sankt Nick obendrauf.

Claus

So stellte sich Thomas Nast den Weihnachtsmann vor, 1881.

Einen Augenblick später höre ich auf dem Dach,
wie sie trappeln und trampeln. Dann endet der Krach.
Ich drehe den Kopf und wende mich um:
Da rutscht Nick durch die Esse und macht kaum ein Bumm.

Sein Gewand war aus Pelz, vom Kopf bis zum Fuß,
alles ganz schmutzig, voll Asche und Ruß.
Einen Sack voller Spielzeug trug er auf dem Rücken
wie ein Hausierer, die uns manchmal beglücken.

Doch die Augen! So freundlich! Und die Grübchen, so gut!
So kirschrot die Nase, und die Wangen wie Glut.
Die zierlichen Mundwinkel fahrn in die Höh,
und der Vollbart am Kinn ist so glänzend wie Schnee.

Die Pfeife klemmt fest in den Zähnen, den weißen,
derweil seine Stirne Tabakwolken umkreisen.
Sein Antlitz war rund wie sein Trommelbauch,
und wenn Sankt Nick lachte, so bebte der auch.

Er war stämmig und plump, ein Zwerg voller Runzeln,
und ich mußte gegen den Willen schmunzeln.
Doch ein Augenzwinkern machte mir klar,
daß von Nick überhaupt nichts zu fürchten war.

Er sagte kein Wort. Er griff in den Sack.
Er füllte die Strümpfe. Dann nahm er sein Pack
und tippt an die Stirne die Finger zum Gruß
und fuhr wieder fort durch Schornstein und Ruß.

Er sprang auf den Bock und schnalzte nur leicht.
Schon hatte der Schlitten den Boden erreicht.
Ich hört ihn noch rufen, von fern jetzt, ganz sacht:
»Frohe Weihnacht euch allen und allen gut Nacht!«

Süßer die Glocken nie klingen

Wenn sich in der Musik das Göttliche offenbart …

Weihnachtslieder

Die Musik ist, wie man den frühmittelalterlichen Schriften der Kirchenväter und Heiligen entnehmen kann, als eine Schwester der Mathematik angesehen worden, mystische Schlüssel zu einer Ordnung, in der sich die himmlische Harmonie enthüllte, wenn der Mensch nur imstande wäre, alle göttlichen Gesetze zu erkennen.

Und die Musik ist das Echo aller Herrlichkeit. Wenn man ihren Tonleitern und Akkorden lauscht, ihren Gesetzen der Terzen und Quinten gehorcht, das Ohr den Melodien öffnet, so steht man umrauscht von den Wohlklängen der Welt, die auf uns wartet, und in die wir mit den ewigen Engelschören einstimmen werden. Und diese Chöre müssen die ersten Weihnachtslieder gesungen haben. Zum Lobe Gottes, der als Kind in der Krippe liegt. Himmel und Erde klangen wider in dieser Musik, und als die Christen sich Kirchen bauten, als die Mönche ihre Klöster auf den Bergen und in den unwirtlichen Waldeinsamkeiten anlegten, wären diese mystischen Häuser Gottes stumm geblieben ohne die Musica, eine der sieben freien Künste. Das Regelwerk ihrer Töne zeugte nach Meinung der Kirchenväter genau wie die Logik der Natur-Wissenschaften vom Geist Gottes, von seiner Weisheit, die unsere Welt in Gleichklang hält.

Deshalb standen früher die sieben Frauengestalten, die die sieben Künste darstellten, im Vorraum der Kirchen und Kathedralen.

Der Mensch sollte sich befleißigen, mit den verborgenen Regeln dieser Wissenschaften vertraut zu werden.

Erst wenn er sie begriff, wenn er gelernt hatte, die Struktur der von Gott geschaffenen Welt zu erkennen, sollte er in die Kirche eintreten, weil er dann erst imstande ist, die wahre Schöpfung zu sehen, die sich ihm durch Gottes Gegenwart im Raum der Kirche zeigte.

Wenn wir in gotischen Domen und Kathedralen stehen, wenn die Messe von Stimmen gesungen wird, die in diesen gewaltigen Räumen nur noch reiner Klang zu sein scheinen, wie aus Engelskehlen, so mag man sich vorstellen können, wie dicht man damals das Göttliche hinter den irdischen Erscheinungsformen empfand.

So war die Kirche der rechte Ort, an dem man die Stimme erhob, und selbst wenn sie kläglich klang, alles andere als engelshaft: Sie folgte der Melodie, nach der – wie die Alten dachten – sich die Welten drehen. Es kam auch keinem in den Sinn, ein so großes Jahresfest wie die Christgeburt an einem anderen Orte als in der Kirche zu feiern. Hier war Christus in der Wandlung gegenwärtig, hier war die Liturgie auf diesen besonderen Anlaß eingerichtet, auch mit besonderen Liedern. Der weihnachtliche Jubel begann am Heiligen Abend um Mitternacht. Dann nämlich ist die Fastenzeit zu Ende, und das wird in der Mitternachtsmette gefeiert. Mette hat nichts mit Messe zu tun. Es ist ein aus matutin verschliffenes Wort, das eins der täglichen Stundengebete bezeichnet, und zwar das nächtliche. Die Messe folgt am Morgen des Weihnachtstages, groß und festlich, wieder mit anderen Liedern. Die ältesten, die uns überliefert sind, wurden in Latein, in der Kirchensprache geschrieben, aber schon im Mittelalter schoben sich deutsche Zeilen zwischen das lateinische Gotteslob, und bald sang die Gemeinde in ihrer jeweiligen Sprache, sang auch im Wechsel mit dem Geistlichen. Viele dieser Lieder singen wir heute noch. Sie erzählen von dem Geschehen im Stall und enden mit dem Lobe Gottes.

Melozzo da Forlì, Musikengel, 1480.

Aus diesen gesungenen Dialogen entwickelten sich Szenen: Maria, die das Kind wiegt. Joseph, der ihr beim Wiegen hilft, damit sich die Mutter Maria ein wenig ausruhen kann. Sie tut es, aber zum Dank singt sie ein Wiegenlied. Diese Wiegenlieder waren in Klöstern zu Haus, und zwar in Frauenklöstern, in denen auch die Sitte des Kindelwiegens geübt wurde. Sie scheint bei den Dominikanerinnen begonnen zu haben,

*bei den Frauen, die sich so tief
in ihre Gebete versenkten, daß
sie Visionen hatten,*

von deren Tiefe und überwältigender Klarheit wir uns heute kaum noch eine Vorstellung machen können. Sie sprachen mit Gott, und sie nahmen das holzgeschnitzte oder wächserne Jesulein, das sie wie viele Nonnen der damaligen Zeit in einer hölzernen Krippe mit ins Kloster gebracht hatten, zur Weihnachtszeit ans Herz, kleideten es festlich und wiegten es wie ein lebendiges Kind. Das fand allmählich nicht nur in der Abgeschiedenheit der Klausur statt, son-

Süßer die Glocken nie klingen

dern im Raum der Kirche. Das Jesuskind lag auf dem Altar, und während die Wiegenlieder gesungen wurden, konnte es wiegen, wer wollte.

Bei dieser Übung und diesem Gesang vertiefte sich der fromme Christ in die Heilsgeschichte, so wie sie in der Bibel steht, und bereitete sich als Krönung der Vorbereitungszeit im Advent auf die Menschwerdung Christi vor, fühlte sich im Lichte seiner Wahrheit.

Dies Verlangen, sich die geheimnisvolle Geschichte verständlich zu machen und Anteil an ihr zu haben, wurde erst recht geweckt, seitdem es Sitte war, eine Krippe in der Kirche aufzustellen.

Die Gläubigen wollten das,
was unser aller Heil und Segen ist,
nacherleben,

sie wollten es in ihre Welt, ihre Gegenwart, ihren vertrauten Alltag hereinholen. So entstanden aus der geistlichen Dichtung der Jesuiten die Krippenspiele, reine Laienspiele, meist unter lebhafter Anteilnahme und Mitwirkung der ganzen Gemeinde, oft mit selbst komponierten Liedern und Wechselgesängen im jeweiligen deutschen Dialekt, in die einheimische Ländler und Dorfmusiken eingingen.

Diese Krippenspiele wurden auch in großer Heiterkeit aufgeführt, die oft ins Derbe und Komische ging. Und es wurden die Instrumente benutzt, die man damals hatte – noch waren längst nicht alle Kirchen mit teuren Orgeln ausgestattet.

Das Thema: die biblische Geschichte von der Herbergssuche bis zur Anbetung der Heiligen Drei Könige. Gesang, Musik und Sprechrollen ergänzten sich so, wie es die Darsteller bewältigen konnten, und

oft gab es Anspielungen
auf alltägliche Ereignisse im
Dorf oder in der Herrschaft.

Die Hirtenlieder stammten meist auch aus dem frühen Mittelalter. Damals haben sich die Hirten und die Bauern besonders in der österreichischen und bayerischen Alpengegend zu Singgemeinschaften zusammengetan und die biblische Geschichte so während der Weihnachtsmessen in Liedern und Wechselgesängen dargestellt, als ob sie sich gerade bei ihnen unter Tannen und Schneebergen zugetragen hätte. Sie beschränkten ihre Singspiele meist auf die Szene, in denen die Hirten – auf dem Felde und an der Krippe – vorkamen, und sie verbesserten ihre Weisen von Jahr zu Jahr. Erst als die Kirchen reicher und schließlich reich genug wurden, um sich Orgeln leisten zu können, schlief diese Sitte ein.

In unserer Zeit hat man die Schönheit dieser Lieder wieder entdeckt, und in vielen

Gegenden werden die Hirtenlieder aufs neue gesungen. Irgendwann im ausgehenden Mittelalter verließen die Spiele die Kirche.

Es entstanden Gruppen von sangeskräftigen Burschen, die auch gut auswendig lernen konnten

– denn Liederbücher gab's noch nicht – und die zu Weihnachten und anderen großen Festtagen durchs Dorf zogen und in jedem Haus, bei reich und arm einkehrten und ihre Botschaft sangen. Sie waren dem Anlaß entsprechend verkleidet, und sie hatten nichts dagegen, wenn man ihnen etwas Gutes anbot oder ein paar Münzen mitgab.

Mancherorts bildeten sich Kirch-Sängergemeinschaften, wir würden sagen: ein kleiner Chor aus etwa ein oder zwei Dutzend guter Sänger, die auch aus mehreren Gemeinden kamen, vom Chor herab die Messen begleiteten und für Weihnachten ein besonders reiches Liedprogramm hatten. Viele besaßen den Ehrgeiz, die Gemeinde jedes Jahr mit einem neuen selbstkomponierten weihnachtlichen Singspiel oder mehrstimmigen Chorälen zu überraschen und zu erfreuen.

Immer beim gleichen Text blieben die Quempassänger.

Der Quempas ist ein Brauch aus Thüringen und Sachsen, Mecklenburg und Pommern. Der Name dieses Rundgesanges setzt sich aus den ersten beiden Silben des lateinischen Kirchenliedes zusammen: »Quem pastores laudavere – wen die Hirten loben sehre.« Vier Gruppen von Knaben – heute sind es auch Mädchen – zogen während der Christmette mit brennenden Kerzen in die Kirche und nahmen am Altar, rechts und links auf den Emporen oder in Seitenschiffen und bei der Orgel Aufstellung. Nun begann ein Wechselgesang, an dem sich diese vier Chöre, eine Einzelstimme und die ganze Gemeinde beteiligten. Die Quempassänger haben ihre Stimmen in Hefte eingetragen, sogenannte Quempashefte, die besonders schön geschrieben und mit Zeichnungen geschmückt worden sind. Das Quempassingen ist unterdessen auch in unseren Kirchen wieder heimisch geworden.

Zu Ehren des Christkindes: weihnachtliches Musizieren am Heiligen Abend.

Der ältere Brauch, jedes Jahr ein neues Weihnachtslied für die Gemeinde einzustudieren, liegt noch der Entstehung des be-

Stefan Lochner,
Madonna im Rosenhag,
um 1448.

kanntesten deutschen Weihnachtsliedes zugrunde: Stille Nacht.

Die Geschichte dieses Liedes beginnt mit einer maroden Orgel in der Kirche St. Nicola, für deren Reparatur die Gemeinde in Oberndorf bei Salzburg kein Geld hatte. Deshalb dichtete der Hilfsgeistliche Joseph Mohr zwar wie üblich ein Lied für die Heilige Nacht, gab den Text aber dem Lehrer Franz Gruber im letzten Moment, am Morgen des 24. Dezembers 1818, mit der Bitte, eine Melodie dazu für Chor, zwei Solisten und Gitarrenbegleitung zu komponieren.

Gruber hatte seine Melodie bis zum Abend fertig,

dem Kirchenchor blieb gerade noch eine Probe, und dann ertönten zur Mitternachtsmette der Tenor des Pfarrers und der Baß des Lehrers zu den Gitarrenklängen, der Chor fiel ein. Sicher hat das neue Lied gefallen, denn Text und Noten wurden aufgehoben. Sie lagen sieben Jahre lang friedlich auf der Empore. Dann wurde die Orgel endlich repariert, und der Orgelbauer entdeckte die »Stille Nacht«. Sie gefiel ihm so gut, daß er eine Abschrift machte, ohne Quellenangabe, und sie den vier Geschwistern Strasser aus seinem Heimatort im Zillertal gab. Die Strassers waren Handschuhmacher und offenbar sehr geschäftstüchtig. Sie boten ihre Waren selber in Leipzig auf der Messe an und lockten das Publikum dadurch an, daß sie ihre heimatlichen Lieder sangen, auch die Stille Nacht.

Damals war das Bodenständige, Älplerische gerade in Mode,

so daß die Strassers und die »Stille Nacht« gerade den richtigen Augenblick getroffen hatten. Die Handschuhmacher sangen das Lied bei einem Konzert in Leipzig. Text und Melodie wurden – immer noch anonym – in Dresden als Faltblatt mit drei anderen »ächten Tyroler Liedern« gedruckt. Dann erschien das Lied 1843 in einer Volksliedsammlung von G.W. Fink und wurde so beliebt, daß ein Musiker der preußisch-königlichen Hofkapelle sich von den Benediktinern in Salzburg eine Abschrift erbat. Zufällig war Grubers Sohn gerade in Salzburg und konnte erklären, wer das Lied wann und warum geschrieben hatte.

In dieser Zeit, Ende des 18. und Anfang bis Mitte des 19. Jahrhunderts, entstanden viele der Weihnachtslieder, die nun zu Hause gesungen wurden. Dazu haben die Aufklärung, die politischen Zustände samt der

Süßer die Glocken nie klingen

Zwei Musiker mit Harfe und Violine erfreuen eine Weihnachtsgesellschaft. Kolorierter Kupferstich, um 1810.

Entwicklung des Klaviers beigetragen. Weihnachten war ein Familienfest mit Baum und Bescherung geworden, und man brauchte die gehörige Begleitmusik.

Sie wurde damals von den bekannten und beliebten Dichtern und Komponisten geliefert. »Ihr Kinderlein kommet« vom Augsburger Domherrn und auflagenstarken Kinderbuchdichter Christoph von Schmid; »Oh du Fröhliche...« dichtete der Legationsrat Falck, ein Freund Goethes, und nahm die Melodie eines sizilianischen Seemannsliedes dazu; und »Morgen kommt der Weihnachtsmann« stammt von Hoffmann von Fallersleben.

Alte und neue Weihnachtslieder steckten auch im Gepäck der deutschen und böhmischen Auswanderer nach Amerika, die damit das tiefe, weihnachtliche Schweigen der Pilgrimväter ablösten, nach deren puritanischer Sitte jeglicher festliche Aufwand überflüssig ist. Doch gegen »In Dulci Jubilo« oder »Stille Nacht« kann sich keiner wehren.

Die Kurrende-Sänger

Weihnachten ist auch im Mittelalter ein Fest der Kinder gewesen, nur ganz anders, als man sich Weihnachten vorstellt.

Kinder lebten das Leben der Erwachsenen mit. Sowie sie dazu imstande waren, mußten sie für die Familie arbeiten. Sie hatten kein Kinderzimmer und kein eigenes Bett, sie arbeiteten und lernten bei Tageslicht, weil Öl und Kerzen teuer waren. Sie froren im Winter, weil oft nur der Herd als Heizung diente, und sie gingen nur, wenn die Eltern auf ihre Arbeitskraft verzichten konnten, in die Dom- oder Kirchenschule. Erst als sich die Städte eigene Rechte erkämpft hatten und Bürger brauchten, die Geschäftspapiere lesen und Verträge schreiben konnten und etwas rechnen, um die Wirtschaft zu führen, sorgten die Ratsherren oder die Gemeindevorsteher für eigene Stadtschulen und für einen Magister, der die Kinder in den Sieben Freien Künsten unterrichtete, auf denen das Lehrprogramm bis in die Neuzeit hinein beruhte: Grammatik und Rhetorik, Dialektik und Musik, Algebra, Geometrie und Astronomie.

Doch oft reichte das Geld für die Schule nicht aus.

Dann mußten der Schulmeister und die Schüler dafür sorgen, daß sie genug zusammenbekamen, auch für die Frau Lehrerin

und die Lehrerskinder, mit denen die Schüler oft genug aus einem Topfe aßen. So lief die Schüler-Schar mit ihrem Magister oder einem Präfekten besonders zu den großen Jahresfesten, zu Kirchweih und Beerdigungen durch die Stadt und sangen um Geld oder um milde Gaben. Laufen heißt auf Lateinisch currere, weshalb man die Schüler Kurrende-Sänger oder Sängerknaben nannten. Zu Weihnachten lohnte sich das Bettelgeschäft der Kurrende-Sänger am meisten.

Die Bürger waren mildtätig gesinnt und gaben den oft recht ausgehungerten Sängern vom guten Festessen ab,

auch einen Schinken oder ein paar Würste und vor allem gehörig Geld für den Schulmeister.

Deshalb kleideten sich die Kurrende-Sänger Weihnachten so festlich wie möglich, trugen eine Art Uniform, schwarze Kittel mit weißen Krägen in Sachsen, weiße Kittel in Wien, und hatten ein reiches Repertoire an Liedern eingeübt. Je engelsklarer ihre Stimmen klangen, je stärker die mehrstimmigen Chöre zu Herzen gingen, desto besser war der Lohn.

Weil es damals noch keine Bescherung, kein Weihnachtsfest in der Familie gab, mußten sich die Menschen die Zeit bis zur Mitternachtsmette so gut wie möglich vertreiben. Viele spielten Würfel, gingen ins Wirtshaus und tranken und tanzten und trieben allerlei unchristlichen Unfug. Da war es eine begrüßenswerte Abwechslung, wenn die Kurrende-Sänger kamen und sich vor allem vor den Häusern aufstellten, in denen Kinder wohnten. Denn für sie wurde der Abend bis zur Mette besonders lang, und sie freuten sich auf die Lieder, liefen den Sängern entgegen, und diese bekamen besonders reichlich bemessene Gaben, vielleicht Stoff für neue Kittel oder ein Stück Leder für wasserfeste Stiefel.

In Thüringen und Sachsen hat sich die Sitte der Kurrende-Sänger bis ins 19. Jahrhundert erhalten, und manche Sängerknaben sind weltberühmt geworden und bis heute geblieben.

Die alte Berliner Currende, Gesänge zur Weihnachtszeit vortragend, von Burchard Dörbeck, 1830.

Die himmlische Musik

»Träumereien an französischen Kaminen« nannte Richard von Volkmann-Leander (1830-1889) seine Märchensammlung, die er als Feldarzt während des Deutsch-Französischen Krieges im Jahr 1871 schrieb. Es sind 22 Erzählungen, literarisch zwischen Romantik und Biedermeier anzusiedeln, die gängige Volksmärchenmotive mit der abstrakten Ideenwelt des romantischen Kunstmärchens verschmelzen.

rechts: Stefan Lochner, Musikengel (Ausschnitt aus »Madonna im Rosenhag«), um 1448.

R. von Volkmann-Leander

Als noch das goldene Zeitalter war, wo die Engel spielten, standen die Tore des Himmels weit offen, und der goldene Himmelsglanz fiel aus ihnen wie ein Regen auf die Erde herab. Die Menschen sahen von der Erde in den offenen Himmel hinein; sie sahen oben die Seligen zwischen den Sternen spazieren gehen, und die Menschen grüßten hinauf und die Seligen grüßten herunter. Das Schönste aber war die wundervolle Musik, die damals aus dem Himmel sich hören ließ. Der liebe Gott hatte dazu die Noten selber ausgeschrieben, und tausend Engel führten sie mit Geigen, Pauken und Trompeten auf. Wenn sie zu ertönen begann, wurde es ganz still auf der Erde. Der Wind hörte auf zu rauschen und die Wasser im Meer und in den Flüssen standen still.

Die Menschen aber nickten sich zu und drückten sich heimlich die Hände. Es wurde ihnen beim Lauschen so wunderbar zu Mut, wie man das jetzt einem armen Menschenherzen gar nicht beschreiben kann.

So war es damals; aber es dauerte nicht lange. Denn eines Tages ließ der liebe Gott zur Strafe die Himmelstore zumachen und sagte zu den Engeln: »Hört auf mit eurer Musik; denn ich bin traurig!« Da wurden die Engel auch betrübt und setzten sich jeder mit seinem Notenblatt auf eine Wolke und zerschnitzelten die Notenblätter mit ihren kleinen goldenen Scheren in lauter einzelne Stückchen; die ließen sie auf die Erde hinunterfliegen. Hier nahm sie der Wind, wehte sie wie Schneeflocken über Berg und Tal und zerstreute sie in alle Welt. Und die Menschenkinder haschten sich jeder ein Schnitzel, der eine ein großes und der andere ein kleines, und hoben sie sich sorgfältig auf und hielten die Schnitzel sehr wert; denn es war ja etwas von der himmlischen Musik, die so wundervoll geklungen hatte. Aber mit der Zeit begannen sie sich zu streiten und zu entzweien, weil ein jeder glaubte, er hätte das beste erwischt; und zuletzt behauptete jeder, das, was er hätte, wäre die eigentliche himmlische Musik, und das, was die andern besäßen, wäre eitel Trug und Schein. Wer recht klug sein wollte – und deren waren viele – machte noch hinten und vorn einen großen Schnörkel daran und bildete sich etwas ganz Besonderes darauf ein. Der eine pfiff a und der andere sang b, der eine spielte in Moll und der andere in Dur; keiner konnte den anderen verstehen. Kurz, es war ein Lärm, wie in einer Judenschule. –

So steht es noch heute!

Wenn aber der jüngste Tag kommen wird, wo die Sterne auf die Erde fallen und die Sonne ins Meer, und die Menschen sich an der Himmelspforte drängen wie die Kinder zu Weihnachten, wenn aufgemacht wird – da wird der liebe Gott durch die Engel alle die Papierschnitzel von seinem himmlischen Notenbuche wieder einsammeln lassen, die großen ebensowohl wie die kleinen, und selbst die ganz kleinen, auf denen nur eine einzige Note steht.

Die Engel werden die Stückchen wieder zusammensetzen, und dann werden die Tore aufspringen und die himmlische Musik wird aufs neue erschallen, ebenso schön wie früher. Da werden die Menschenkinder verwundert und beschämt dastehen und lauschen und einer zum andern sagen: »Das hattest du! Das hatte Ich! Nun aber klingt es erst wunderbar herrlich und ganz anders, nun alles wieder beisammen und am richtigen Orte ist!« – Ja, ja! So wird's. Ihr könnt euch darauf verlassen. –

Die himmlischen Heere

Von Cherubim, Seraphim, Erzengeln und Rauschgoldengeln.

Engel sind Boten zwischen Himmel und Erde, zwischen Gott und den Menschen. Folgt man der Bibel, so teilen sie den Menschen Gottes Willen mit, und in den Psalmen kann man lesen, daß sie die Menschen behüten.

In der Weihnachtsgeschichte wird eigentlich nur von dem Engel berichtet, der den Hirten auf dem Felde erschien und dann sofort wieder zwischen den himmlischen Heerscharen entschwand, und von jenem, der Joseph im Traum erschien und vor Herodes warnte. Das aber hat keinen Maler oder Bildhauer oder Geschichtenerzähler gestört.

Engel kann man sich vorstellen.

Engel entsprechen ganz offenbar der irdischen Sehnsucht nach dem Überirdischen und sind nicht so gewaltig wie Gottvater selbst. So gibt es keine Krippe, kein Weihnachtsbild, oft sogar keine Tanne ohne Engel. Der Gloria-Engel, der über Maria und dem Kind in der Krippe schwebt, trägt seit altersher das Spruchband in den Händen mit der Botschaft: »Ehre sei Gott in der Höhe und Frieden auf Erden!« Bei vielen großen Krippen sieht man auch ganz fern noch am Rande jenen, der den Hirten auf dem Felde die Geburt des Herrn verkündet.

Die vier Erzengel stehen der Legende nach im Stall von Bethlehem Wacht, und in den Barockkrippen erkennt man sie am Gewand: Weiß ist es und golden, ergänzt durch Helme mit Federbuschen. Dazu gehören die Insignien des Friedens: Gabriel, der Künder, trägt die Lilie oder den Kreuzstab in der Hand. Michael, der Gottesbote, ein Banner oder die Posaune. Raphael und Uriel, der die Sänger anführt, manchmal den Stab mit dem Stern. Zu den himmlischen Heerscharen gehören auch die Seraphim, nach der Schrift mit sechs Flügeln ausgestattet und in rote Gewänder gehüllt, und die Cherubim, die mit vier Flügeln und in blauen Kitteln auf den Wolken schweben und das Tor des Paradieses bewachen.

Ridolfo Guariento, Die himmlischen Heerscharen, 14. Jh.

Martin Schongauer, Engel der Verkündigung, zweite Hälfte des 15. Jh.

Was da noch im Schatten des Stalles über der Krippe jauchzt und schalmeit, sind die Musikengel, die stets ihre Instrumente bei sich tragen und dem Jesuskind so viel vorgesungen haben, wie es wollte.

Und es gibt die Rauschgoldengel, viele Jahrtausende jünger selbst als die griechischen geflügelten Siegesgöttinnen, die unsere Vorstellung von Engeln geformt haben sollen.

Rauschgoldengel müßten alle Anna heißen,

denn der Sage nach hat ein Dockenmacher aus Nürnberg kurz nach dem Dreißigjährigen Krieg den ersten Rauschgoldengel zur Erinnerung an seine gestorbene Tochter gefaltet.

Damals, als man noch keine Weihnachtstannen kannte, steckte oder hängte man die Prachtgestalten vor die grünen oder blühenden Zweige. Oft hatte der Engel eine Kerze in der Hand. Und wenn die Sache mit dem Annerl auch fraglich ist, so stimmt doch, daß die Rauschgoldengel in den geschickten Händen der fränkischen und Thüringer Puppenmacher entstanden sind.

In Fürth waren die Messingschläger ansässig, die das hauchdünne, rauschende Messingblech herstellten, in das Puppen, später nur Gestelle mit Köpfen und Händen aus Wachs oder Biskuitporzellan, gehüllt wurden.

Ein rechter Rauschgoldengel trägt die Krone oder Goldmütze auf kurzem Haar, heute auf langen, weißen Engelshaarlocken, eine gefaltete Schürze vorm üppigen Rock und ein steifes Mieder oder ein Goldband um den Hals gelegt und über der Brust gekreuzt. Und seit Mitte des vorigen Jahrhunderts ist es in vielen Familien Sitte, daß er statt des Weihnachtssternes die Tanne krönt.

Erzengel Michael, Kölner Schmelzarbeit, Ende des 12. Jh.

Nürnberger Rauschgoldengel in verschiedenen Variationen, dargestellt in Spielzeugmusterbüchern des 19. Jh.

Das Christkind und die Krippe

Wie das Christkind zum Herzstück privater Frömmigkeit wurde.

Das Kind in der Wiege ist die Hauptfigur der Weihnachtsbilder, ist das Herz und der Mittelpunkt der Weihnachtsfeiern, aber die allererste Zurschaustellung einer Krippe – eines Teiles der Krippe – bezieht sich nur auf das Holz und gehört halb in die Legende, die auch von der Auffindung des heiligen Kreuzes erzählt.

Die byzantinische Kaiserin Helena, heißt es, die durch ihren Sohn, den Kaiser Konstantin, zum rechten Glauben bekehrt wurde, unternahm einst, im ersten Drittel des 5. Jahrhunderts, eine Reise nach Palästina und erwarb dort ein paar Brettchen der Krippe von Bethlehem. Ein Teil dieser unschätzbaren Reliquien schenkte sie dem Heiligen Vater, und Papst Sixtus stellte sie zum Fest der Christgeburt im Jahre 440 in der Kirche S. Maria Maggiore in Rom aus, die seitdem auch S. Maria ad praesepe genannt wird, die Marienkirche zur Krippe.

Danach haben sich andere römische Kirchen zumindest originale Felsbrocken aus der Geburtshöhle beschafft und auf ihnen später ihre prachtvollen Rundkrippen aufgebaut.

Mögen diese Krippenspäne als viel jünger erkannt worden sein, mögen die Felssteine vielleicht nur aus den sibillinischen Bergen stammen – das Verlangen der Christenheit nach sichtbaren Zeichen der unsichtbaren Wahrheit und Gnade war groß, und das Kind in der Krippe war mächtiger als ihr Holz. Auf frühen Mosaiken und Altarbildern sieht man es bis zum Kinn so fest eingewickelt, wie damals alle Kinder gewindelt waren. Diese Windelbänder sollten die Säuglinge wärmen, aber auch davor bewahren, sich freizustrampeln und vielleicht ins Feuer zu fallen, in dessen Nähe die meist korbgeflochtene oder hölzerne Wiege gehängt oder gestellt wurden. Am Windelbande, also am äußeren Zipfel dieser Umhüllung, wurde der Säugling von jedem gewiegt und friedlich gehalten, der vorbeikam.

Die farbigen Bänder, mit denen die

Gerard van Honthorst, Anbetung der Hirten, 1622.

Windeln aus Linnen zusammengeschnürt sind, werden auch mit den Gebetsriemen verglichen, mit denen sich die frommen Juden beim Beten umschlingen, um ihre innige und unauflösliche Verbundenheit mit Gott auszudrücken.

Dieses Wickelkind oder Fatschenkind, wie man in Süddeutschland sagt, hat seine ganz eigene Entwicklung genommen. Mystikerinnen in den Frauenklöstern der Dominikaner und Zisterzienser sind die Visionen des Kindes erschienen, arm und kalt in seiner Krippe, liebesbedürftig, und in diesen Visionen haben sich die frommen Frauen mit Gottvater über die Pflege des Kindes unterhalten und gesagt bekommen, wie das Christkind zu bekleiden sei:

in die weiße Farbe der Unschuld, in die rote der Liebe und die grüne der Demut.

Weihnachtsfarben, mystische Spielarten des Lichtes, das das Christkind von allen anderen Säuglingen der Welt unterscheidet.

Als der geheimnisvolle Glanz dieser Visionen erlosch, wurde das Christkind zum ersten Mal das Herzstück privater Frömmigkeit, wurde zur Puppe, die das Jesuskind darstellte. Nonnen, vor allem in süddeutschen Klöstern, hegten das Fatschenkind, haben es im hohen Mittelalter, als fast lebensgroße Figur mit ins Kloster bringen müssen, meist aus dem kostbarsten Material, das verfügbar war, edles, reines Bienenwachs für Antlitz und Hände, perlbestickter Seidenbrokat für das Häubchen und die Windelbänder. Sicher war es für die Novizinnen und jungen Nonnen in der Strenge der Frauenorden und in der Kargheit ihrer Klosterzellen wahrhaftig ein Trost und die einzige Möglichkeit, ihren irdischen Gefühlen einen Ausdruck zu verleihen. So war das »Trösterlein«, wie das Fatschenkind auch genannt wurde, wahrhaftig Leib und Geist, eine Einheit aus Spirituellem und irdischer Emotion.

Etwa zur gleichen Zeit, in der der heilige Franz von Assisi im Schatten der wintergrünen Büsche des Waldes von Greccio eine lebensgroße Krippe mit Ochs und Esel aufstellen ließ, damit sich der fromme Christ so in den Anblick des jungen Gotteskindes versenken konnte, wie damals die Hirten und die Weisen, entfaltete sich in bayerischen und österreichischen Frauenklöstern die Sitte des Kindelwiegens.

Seite 132: Werkstatt Stefan Lochner, Anbetung des Kindes, Kölner Tüchleinbild, erste Hälfte des 15. Jh.

Sandro Botticelli, Madonna mit dem Granatapfel, zweite Hälfte des 15. Jh.

Das gewickelte Christkind in der Krippe mit Ochs und Esel. Teil von der Seitenverkleidung eines Altars, 12. Jh.

Das Fatschenkind wurde nicht nur von den Nonnen, sondern von allen Kirchgängern vorm Altar geherzt und gewiegt.

Eine Fülle von geistlichen heiteren Wiegenliedern lassen die Innigkeit dieser Szenen wiedererstehen.

Die Phantasie und die Geschicklichkeit der Klosterfrauen sorgten für viele Spielarten dieser Jesusdarstellung. Sie erlösten es gern aus seinen Windeln und kleideten es für sein eigenes Geburtsfest in seidene Hemdchen oder in barocke Prachtgewänder. Sie erlösten es auch aus der Abgeschlossenheit der Nonnenzellen und drapierten es liegend oder mit Segensgebärde stehend in Glaskästen, die auf das köstlichste mit Flußperlen, Wachsblüten, Schnüren aus Goldperlchen, mit Muscheln und Moos und gläsernen Blumen verziert und in der Kirche ausgestellt wurden.

Das waren nun öffentliche Andachtsbilder, deshalb bekam das Kind manchmal die Königskrone aufgesetzt, hielt sein rotes Herz in der Hand als Zeichen seiner Demut oder ein Kreuz als Hinweis auf seine künftigen Leiden, die es für alle Menschen auf sich nahm. Manchmal wird das Kind von kleinen blassen Vögeln aus Wachs oder Tragant umspielt, die wie die göttliche Taube auf die Unsterblichkeit der Seele verweisen. Und manchmal hängt auch ein goldenes Ei wie eine Laterne über ihm: Das erinnert wie das Osterei an das siegreiche Leben, an den Triumph über den Tod, an die Auferstehung.

In dem Maße, in dem sich die Marienleben und Christusleben der großen Kupferstecher und Holzschneider des 15. und 16. Jahrhunderts durch die verbesserten Druckverfahren verbreiteten, bekamen die Handwerker und Dilettanten Vorlagen für eine Erweiterung der Geburtsszene. Nicht nur das Kind stand nun im Kasten – es lag nun wieder brav in seiner Krippe, im Stall von Bethlehem, und dieser wurde vor eine gemalte Phantasielandschaft gestellt und alles in einen schönen Rahmen gefaßt.

In anderen Gegenden bildete sich die Sitte heraus, diese erweiterte Krippe im Lauf des Advent so wachsen zu lassen, wie es die Heilige Schrift erzählt. So sah man zuerst Maria und Joseph auf Herbergssuche, sah dann die Hirten auf dem Felde, dann den

Das Christkind und die Krippe

Minuziös gestaltet sind die weihnachtlichen Szenen einer Tiroler Kastenkrippe aus dem 18. Jh.

Stall und die Geburt. Das erforderte nicht nur ein größeres Personal, sondern eine abwechslungsreiche Landschaft, in der das alles vonstatten gehen konnte. Und es erforderte ein doppeltes Christkind. Erst lag es als Fatschenbaby im Stroh, dann wurde es ausgetauscht und begrüßte die Heiligen Drei Könige aufrecht und sitzend, nicht mehr in Windeln gewickelt, sondern frei die rosigen Glieder regend, manchmal schon Zepter und Weltkugel in Händen. Diese weihnachtliche Szene wurde in jeder Landschaft, in jeder Zeit neu durchdacht. Wo es Bildschnitzer und Bastler gab, entstanden Kasten- oder Rahmenkrippen, Nazareth- oder Bethlehem-Krippen, und

sie rückten meist fröhlich und naiv die biblische Geschichte mitten in den eigenen Alltag.

So steht der Tiroler Stall von Bethlehem im Gebirge, unten ziehen die Heiligen Drei Könige heran, oben in den Alpenhöhen schießt der Jäger die Gams und melkt die Sennerin ihre Kühe. In Klosterkrippen dräut über dem Stall das himmlische Jerusalem, die hochgebaute Stadt mit ihren prächtigen Renaissance-Palästen, aber rings um die beiden Verheißungen der Erlösung und Auferstehung in die Schönheit der Gottesstadt wächst der irdische Schwarzwald mit Fuchs und Hirsch und Reh. Wunderbar sind die Krippenlandschaften, die Künstler in Neapel für ihre sogenannten Rundkrippen entwarfen,

mit antiken Ruinen, Engeln wie Himmelsfürsten oder Operntenöre

und dem so lebensecht entworfenen Personal – Bäuerinnen und Handwerker, Weinhändler, Hirten und römische Soldaten –, und im Lauf der Gegenreformation wollte jedes Kloster, jede Gemeinde ein Krippenpanorama dieser Art besitzen, um den Kirchgängern dieses wichtige Geschehen wie eine dramatische Geschichte einzuprägen. Die Krippe also als biblia pauperum, als lebendiges Lehrbuch für jene, die nicht le-

sen können, aber trotzdem die frohe Botschaft verstehen sollen. Im Barock verleiht die Mechanik den Krippen ein zeitgemäßes interessantes Element. Die Figürchen bewegen sich, wenn man die Federn aufzieht, tanzen und klettern und fliegen (wenn es Engel sind), Glocken klingeln, himmlische Chöre machen ihre Musik. Wie in einem Totentanz ziehen die Menschen vor dem Christkind vorbei, und

manchmal steht wahrhaftig ein Totengerippe im Hintergrund und haut blindlings mit seiner Hippe zu.

So zogen im Herbst ganze Trupps von Kunsthandwerkern durch die Lande, Maler und Schnitzer, Perückenmacher und Goldschmiede, Tischler und Schneider, und Fürsten und Bischöfe zahlten viel Geld für diese wundersamen Krippenbilder. Zu den Wiener Schätzen gehören silberne Bergwerke mit Minen und Stollen und Leitern und Bergleuten, die Erz oder Silber fördern und dem Christkind darbringen. Im Erzgebirge wurde es Sitte, daß jedes Dorf seine Krippe baute und immer wieder anbaute und verbesserte und ergänzte, so daß ein Mini-Abbild des wirklichen Dorfes entstand. Es war mit so viel Mechanik ausgestattet, daß das Leben dort verlief wie hier. Irgendwann bekamen diese Kastenkrippen Beine. Sie wurden in eine sogenannte Stube eingebaut, und geschickte Marionettenspieler schleppten sie von Dorf zu Dorf, von Haus zu Haus, klappten die Stube auf, setzten mit Ziehen und Lösen die bescheidene Mechanik in Gang und sangen wie Bänkelsänger die Moritat von der Geburt und Verfolgung unseres Herrn dazu.

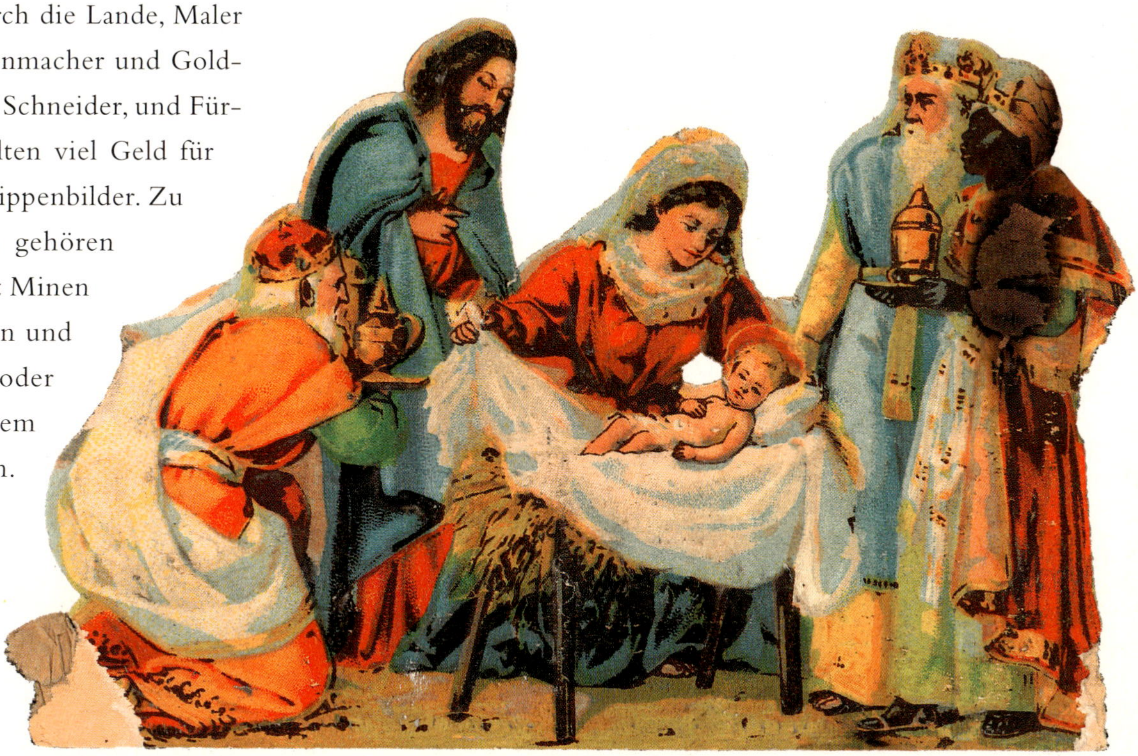

Das Weihnachtsevangelium nach Lukas

In jenen Tagen erließ Kaiser Augustus den Befehl, alle Bewohner des Reiches in Steuerlisten einzutragen. Dies geschah zum erstenmal; damals war Quirinius Statthalter von Syrien. Da ging jeder in seine Stadt, um sich eintragen zu lassen. So zog auch Josef von der Stadt Nazaret in Galiläa hinauf nach Judäa in die Stadt Davids, die Betlehem heißt; denn er war aus dem Haus und Geschlecht Davids. Er wollte sich eintragen lassen mit Maria, seiner Verlobten, die ein Kind erwartete. Als sie dort waren, kam für Maria die Zeit ihrer Niederkunft, und sie gebar ihren Sohn, den Erstgeborenen. Sie wickelte ihn in Windeln und legte ihn in eine Krippe, weil in der Herberge kein Platz für sie war.

In jener Gegend lagerten Hirten auf freiem Feld und hielten Nachtwache bei ihrer Herde. Da trat der Engel des Herrn zu ihnen, und der Glanz des Herrn umstrahlte sie. Sie fürchteten sich sehr, der Engel aber sagte zu ihnen: Fürchtet euch nicht, denn ich verkünde euch eine große Freude, die dem ganzen Volk zuteil werden soll: Heute ist euch in der Stadt Davids der Retter geboren; er ist der Messias, der Herr. Und das soll euch als Zeichen dienen: Ihr werdet ein Kind finden, das, in Windeln gewickelt, in einer Krippe liegt.
Und plötzlich war bei dem Engel ein großes himmlisches Heer, das Gott lobte und sprach:

Verherrlicht ist Gott in der Höhe,
und auf Erden ist Friede
bei den Menschen seiner Gnade.

Als die Engel sie verlassen hatten und in den Himmel zurückgekehrt waren, sagten die Hirten zueinander: Kommt, wir gehen nach Betlehem, um das Ereignis zu sehen, das uns der Herr verkünden ließ. So eilten sie hin und fanden Maria und Josef und das Kind, das in der Krippe lag. Als sie es sahen, erzählten sie, was ihnen über dieses Kind gesagt worden war. Und alle, die es hörten, staunten über die Worte der Hirten. Maria aber bewahrte alles, was geschehen war, in ihrem Herzen und dachte darüber nach. Die Hirten kehrten zurück, rühmten Gott und priesen ihn für das, was sie gehört und gesehen hatten; denn alles war so gewesen, wie es ihnen gesagt worden war.

Fra Angelico, Der kindliche Christus mit Segensgestus und Herrschaftsinsignien (Ausschnitt), erste Hälfte des 15. Jh.

Eine Geschichte –

Heinrich Albertz war evangelischer Pfarrer und Politiker.

HEINRICH ALBERTZ

Ja, ich kann meine Erfahrungen mit dieser herrlichen und zugleich unsäglichen Geschichte schon mitzuteilen versuchen.

Zuerst: Ich habe sie als Kind auswendig lernen müssen. Unter dem brennenden Weihnachtsbaum war sie aufzusagen mit allen schwierigen Worten: »Quirinius – schwanger«. Der Gabentisch war noch mit einem Tuche zugedeckt. Ich blieb oft stecken, weil ich versuchte herauszubekommen, was unter der Decke lag.

Ich mußte die ganze Geschichte aufsagen bis zur Rückkehr der Hirten zu ihren Herden. Ich war ein Einzelkind. Meine Kinder hatten es besser. Es waren drei, so hatte jedes nur ein Drittel der Mühe.

Aber es war schon gut, den Text gleichsam mit der Muttermilch aufzunehmen. Er hielt nun ein Leben lang. Er gehört für mich zu den sieben oder acht Abschnitten der Bibel, die gewissermaßen abrufbar sind, unverlierbar, unvergeßlich, unbeirrbar. Das ist sehr merkwürdig. Diese einfache Geschichte. Dieser zur Legende gestempelte Versuch, das Unbeschreibliche zu beschreiben. Dieser Traum vom Frieden, dem völligen, unteilbaren Frieden.

Ich habe wohl zwei Dutzend Mal über den Text zu predigen versucht. Dabei kann man gar nicht ernsthaft »über ihn« predigen. Meine einfache Bauerngemeinde in Oberschlesien hat das wohl geahnt. Sie ließ am Heiligen Abend ihren Pastor nur die Geschichte vorlesen, langsam und auch in drei Abschnitten, kein Wort darüber hinaus; natürlich auch, weil die Kirche kalt und dunkel war und das Vieh auf die Fütterung wartete.

Man kann die Geschichte nur nacherzählen – oder man kann über die eine oder andere Gestalt, über diese oder jene Szene nachdenken und sie in die Welt stellen, in der wir leben! Wer noch von Augustus und Quirinius redet? Was sie wohl in dieser Nacht geträumt haben mögen? Von den Eltern kann man reden, von den Hirten, von den Tieren. Von den Engeln schon gar nicht mehr. Nur von dem, was sie sangen.

Ja, und von dem Kinde. Von dem Kinde immerzu. Daß Gott ein Kind wurde und ein Kind Gottes Sohn. Und was dies wohl mit unsern Kindern und Enkeln zu tun haben könnte, die wir nun mit immer schrecklicheren Waffen dem Untergang weihen. Und was und wer aus dem Kind wurde, welcher Mensch, welcher einmalige Mensch, und wie er starb. Und wer ihn umbrachte – und warum.

Man hat also ein Leben lang zu tun, um über die Geschichte nachzudenken. Sie wechselt ihre Farben und ihr Gesicht und bleibt doch immer die gleiche.

Das letzte Mal mit seiner Mutter sie zu hören, das erste Mal mit seiner Frau, das erste Mal mit einem eigenen lebenden Kind, das erste Mal im Krieg.

Und dann 1945, als alles vorüber war und ich mit Hunderten von Flüchtlingen in einer fremden Kirche, in einer fremden Stadt die Geschichte hörte, dieselbe Geschichte wie zu Hause, das es nun nicht mehr gab. Sentimentalitäten? Nun, warum nicht?

einfach und streng

Dabei ist es ja eine unglaubliche, eine strenge Geschichte. Nicht der Kaiser, sondern dies Kind. Kein königlicher Palast, sondern der Stall. Nicht die Würdenträger des Landes, sondern die Hirten. Nicht die Macht der Menschen, sondern Gottes Macht. Nicht Gewalt, sondern Friede. Nichts Riesiges, sondern ein Winzling – mein Herr und mein Gott.

Die Welt wird auf den Kopf gestellt. Alle Maße werden verändert, radikal verändert. Du brauchst nur zu rühren an diese Geschichte, und du berührst den starken Strom der Freiheit der Kinder Gottes. Nichts von Idylle. Genaugenommen Revolution.

Und das mit diesen Bildern: Maria mit dem Kinde, die erschrockenen Männer auf dem Felde, das Blöken der Schafe – und ein ferner Kaiser, der schläft und nicht weiß, daß dieses Kind sein Kaiserreich zerbrechen wird.

Und Licht, viel Licht, unbeschreibliches Licht. Das sind meine Erfahrungen mit dieser Geschichte.

Ich möchte sie mir vorlesen lassen, wenn ich sterbe, sie und den Bericht von Jesu Tod.

Taddeo di Bartolo, Anbetung der Hirten, erstes Viertel des 15. Jh.

Wilton-House-Diptychon: Johannes der Täufer empfiehlt König Richard II. der Muttergottes und dem Kind, um 1395.

Bild- und Quellennachweis

Danksagungen

Für die großzügige Unterstützung bei der Gestaltung dieses Buches danken Autorin und Verlag der Privatsammlung Hans Fasold, München für die Bereitstellung der historischen Motive.

Ebenso danken wir dem Erzgebirgischen Spielzeugmuseum, Seiffen, dafür, uns die Dias einiger Ausstellungsstücke zur Verfügung gestellt zu haben. Auch ist der CPC Deutschland GmbH/ Treffpunkt Küche für die Bereitstellung ihrer Motive zu danken, sowie den Fotografen für ihre Bilder, den Verlagen und Rechteinhabern für die freundlich erteilten Abdruckgenehmigungen ihrer Texte.

1. Advent, Advent

(2) Fra Angelico, Engel (Detail aus der Krönung Mariens), um 1434/35. Tafelbild, Florenz, Uffizien; (6/7) Simone Martini, Engel und Maria der Verkündigung, nach 1339. Leinwand auf Holz, Antwerpen, Koninklijk Museum voor Schone Kunsten; (8) Martin Schongauer, Das segnende Jesuskind, zweite Hälfte 15. Jh. Paris, Bibliothèque Nationale; (9) Geburt Christi (Ausschnitt aus dem Weihnachtsfenster), um 1315. Königsfelden, ehemalige Klosterkirche; (10) Ludwig Richter, Zeichnung, 19. Jh.; (12) J. F. de Götz, Knecht Ruprecht, 1784. Radierung, München, Stadtmuseum; (13) C. Huth, Christkind im Elsaß, um 1868. Zeichnung; (16) Foto: Klaus Ender; (17) Carl Larsson (1853-1919), Die Lichtbringerin. Graphik; (17) Foto: Christian Heeb; (20) Foto: Klaus Ender; (21) Richard Ernst Kepler, Der Weihnachtsbaum, um 1915. Verlag Reichhold & Lang, »zweite Ausgabe«, München; (22) Fritz Eckle, »Das Land der Bibel«, München 1965. Adolf Korsch Verlag, Nr. 381; (23) Foto: Ingeborg Lehmann; (24) »Im Lande des Christkinds«. Rückwand mit aufgeklebten Einzelbildern. Einer der ersten Adventskalender, Anfang des 20. Jh.; (25) Foto: Ingeborg Lehmann; (27) Foto: Heinz Erhardt; (28/29) Foto: Ulrike Schneiders; (30) Foto (Mitte): Auerbach für das Erzgebirgische Spielzeugmuseum, Seiffen; (31) Foto (oben rechts): Georgi für das Erzgebirgische Spielzeugmuseum, Seiffen; (31) Foto (unten rechts): Langhammer für das Erzgebirgische Spielzeugmuseum, Seiffen; (32) Werner Zehme, Weihnachtsparade der Nußknacker;(33) Foto (oben): Weihnachtspyramide um 1890, Erzgebirgisches Spielzeugmuseum, Seiffen; (33) Räuchermännchen aus dem Erzgebirge, Anfang 20. Jh.; (33) Daniel Nikolaus Chodowiecki, Häusliches Fest am Weihnachtsabend, 1797. Radierung aus Lang's Almanach für 1799; (36) Der Lebküchner. Nürnberg, Stadtgeschichtliche Museen; (38) Jan Steen, Das St. Niklasfest, 17. Jh. Amsterdam, Rijksmuseum; (39) Printenmodeln, angefertigt nach älteren Vorlagen, um 1920; (40) Foto: Walter Pfisterer für Mondamin © CPC Deutschland GmbH/ Treffpunkt Küche; (41) Foto: hoyerdesign grafik gmbh, Freiburg; (43) Foto: Mondamin, © CPC Deutschland GmbH/ Treffpunkt Küche; (44) Foto: Ulrike Schneiders; (45) Foto: Walter Pfisterer für Mondamin, © CPC Deutschland GmbH/ Treffpunkt Küche; (51) Pietro di Giovanni d'Ambrogio, Die Anbetung der Hirten (Ausschnitt aus dem Mittelteil eines Triptychons), erste Hälfte des 15. Jh.; (53) Foto: Walter Pfisterer für Pfanni, © CPC Deutschland GmbH/ Treffpunkt Küche; (54) Christian Gottfried Heinrich Geißler, Budenstadt im Lichterglanz. Kalenderblattentwurf für den Monat Dezember, um 1825. Aquarell; (57) Auf dem Nürnberger Christkindlmarkt. Aus: »Der Kindlas-Markt in Nürnberg oder wör die Krohmleut ihr Wes'n treib'n, a Kupferbouch für klani und graußi Kinder mit 24 g'moalt'n schwarz'n Kupfern«, Nürnberg bei G. N. Renner & Schuster. Nürnberg, Stadtbibliothek; (58) Foto: Ingeborg Lehmann; (59) Franz Barbarini (1802-1873), Weihnachtsmarkt »Am Hof« in Wien. München, Bayerische Staatsgemäldesammlungen.

2. Es weihnachtet sehr

(60/61) Melchior Broederlam, Gottvater, Retabel des Jacques de Baerze, vor 1399. Öl auf Holz, Dijon, Musée des Beaux Arts; (62) Aqua rosacea - Rosenwasser. Miniatur aus dem Hausbuch der Cerruti Codex Vindobonensis S. N. 2644 »Tacuinum sanitatis in medicina«, Ende 14. Jh. Österreichische Nationalbibliothek; (62) Pierre-Joseph Redouté (1759-1840), Rosa gallica pontiana; (63) Pierre-Joseph Redouté (1759-1840), Rosa alba regalis; (63) Martin Schongauer, Maria im Rosenhag, 1473. Öl auf Holz, Colmar, St. Martin, ausgestellt in der Dominikaner-Kirche; (65) Fresko aus der Casa del Frutteto, Pompeij, 1. Jh. n. Chr.; (66) Miniatur aus dem Hausbuch der Cerruti Codex Vindobonensis S. N. 2644 »Tacuinum sanitatis in medicina«, Ende 14. Jh. Österreichische Nationalbibliothek; (67) Weihnachtliches Stilleben. Der Gabentisch eines Knaben. Wien, um 1840; (69) Lucas Cranach d. Ä., Adam und Eva, 1521. Öl auf Holz, Schleswig-Holsteinisches Landesmuseum; (70) Nikolaus Hartmann (zugeschrieben), Weihnachtsbescherung; (71) Illustration zu Johann Peter Hebels Alemannischen Gedichten (Ausgabe von 1820); (71) Weihnachtsengel, vermutlich Christbaumspitzen. Bäuerlicher Haushalt, mittlerer Schwarzwald, um 1900; (72) Der Weihnachtsbaum als Feldpostpaket, 1914-1918; (73) Christbaumständer mit Drehmechanismus und Musikwerk der Firma Eckard, 1879 patentiert; (74) Joseph Lada, Frisch gesägter Weihnachtsbaum; (75) Foto: Ulrike Schneiders; (75) Da liegt die Bescherung, nach einem Gemälde von A. Lüben, 1877; (77) Hans-Bossart-Zwerg, Rot-Ceramic 1995; (80) Franziska Schenkel, Der Nikolaus kommt; (83) Kolorierter Kupferstich aus Amalia Schoppe (1791-1858) »Die Pflegemutter und ihre Pflegetöchter. Ein unterhaltendes und belehrendes Lesebuch für Teutschlands gebildete Jugend beiderlei Geschlechts«, Leipzig o. J. (um 1839); (83) Zinnfigur aus der Biedermeierzeit; (84) Foto: Christian Heeb; (85) Plakat der Konsum-Geschäfte, Entwurf Horst Jockusch, 1950; (89) Weihnachtsfest im Kreis der Familie. Dezemberblatt aus einer Folge von sechs Bilderbogen, 1850er Jahre. Kolorierte Kreidelithographie, Bilderbogen »No. 290«. Erschienen bei Winckelmann & Söhne, Berlin.

3. Der Weihnachtsschmaus

(92/93) Willem Kalf, Stilleben mit Akeleipokal, Obstschüssel und Gläsern, um 1655. Öl auf Leinwand, Hannover, Niedersächsisches Landesmuseum; (98) Martin Schongauer, Wildschweinfamilie, zweite Hälfte 15. Jh. Federzeichnung in Braun, Hamburg, Kunsthalle; (99) Peter von der Heyden, Bauern beim Schlachten. Kupferstich, Nürnberg, Germanisches Nationalmuseum; (100/101) Martin teilt seinen Mantel mit dem Armen am Stadttor von Amiens, um 1230. Glasfenster aus der Kirche von Varenne-Jarcy, Essone. Paris, Musée de Cluny; (102) Foto: Knorr, © CPC Deutschland GmbH/ Treffpunkt Küche; (103) Bernardo Strozzi, Die Köchin, erste Hälfte des 17. Jh. Öl auf Leinwand, Genua Palazzo Rosso; (109) Foto: Knorr, © CPC Deutschland GmbH/ Treffpunkt Küche; (110) Foto: Knorr, © CPC Deutschland GmbH/ Treffpunkt Küche.

4. Das Fest der Feste

(112/113) Duccio di Buoninsegna, Anbetung der Könige (Ausschnitt aus der Predella der Maestà), 1308-1311. Öl auf Holz, Siena, Opera del Duomo; (114) Moritz von Schwind, Herr Winter. Aus: Die Christnacht; (117) Foto: Karl-Heinz Raach; (119) Thomas Nast, Merry Old Santa Claus. Aus: Harper's Weekly, Jan. 1, 1881; (120) Englische Postkarte von 1890; (121) Melozzo da Forlì, Musikengel, 1480. Fresko, Sammlungen des Vatikan; (124) Stefan Lochner, Madonna im Rosenhag, um 1448. Öl auf Holz, Köln, Wallraf-Richartz-Museum; (125) Walter Buhe, Leuchter in Siebenbürgen, erste Hälfte des 20. Jh. Kolorierte Federzeichnung; (126) Zwei Musiker mit Harfe und Violine erfreuen eine Weihnachtsgesellschaft. Kolorierter Kupferstich aus einem unbekannten Kinderbuch, um 1810; (127) Engel aus illuminierter Haggada-Handschrift von 1583; (127) Burchard Dörbeck, Die alte Berliner Currende, Gesänge zur Weihnachtszeit vortragend, 1830; (129) Stefan Lochner, Musikengel (Ausschnitt aus »Madonna im Rosenhag«), um 1448. Öl auf Holz, Köln, Wallraf-Richartz-Museum; (130) Ridolfo Guariento, Die himmlischen Heerscharen, 14. Jh. Padua, Museo Civico; (131) Martin Schongauer, Engel der Verkündigung, zweite Hälfte des 15. Jh. Federzeichnung in Braun, Berlin, Kupferstichkabinett; (131) Erzengel Michael, Schmelzarbeit am Maurinusschrein, Ende des 12. Jh. Köln, St. Pantaleon; (131) Nürnberger Rauschgoldengel in verschiedenen Variationen, dargestellt in Spielzeugmusterbüchern des 19. Jh.; (132) Werkstatt Stefan Lochner, Anbetung des Kindes, erste Hälfte des 15. Jh. Tüchleinbild, Köln, Erzbischöfliches Diözesanmuseum; (133) Gerard van Honthorst, Anbetung der Hirten, 1622. Öl auf Leinwand, Köln, Wallraf-Richartz-Museum; (134) Sandro Botticelli, Madonna mit dem Granatapfel, zweite Hälfte des 15. Jh. Öl auf Holz, Florenz, Galleria degli Uffizi; (135) Das gewickelte Christkind in der Krippe mit Ochs und Esel. Teil von der Seitenverkleidung eines Altars, 12. Jh. Solsona, Museum; (136) Tiroler Kastenkrippe aus dem 18. Jh.; (136) »Dießener Christkindl« im Marienmünster Dießen; (139) Fra Angelico, Der kindliche Christus mit Segensgestus und Herrschaftsinsignien (Ausschnitt aus »Thronende Madonna mit Jesuskind«), erste Hälfte des 15. Jh. Fresko, Florenz, Museo di S. Marco; (141) Taddeo di Bartolo, Anbetung der Hirten (Predella des Triptychons mit der Verkündigung), erstes Viertel des 15. Jh. Siena, Pinakothek; (142/143) Wilton-House-Diptychon: Johannes der Täufer empfiehlt König Richard II. der Muttergottes und dem Kind, um 1395. Öl auf Holz, London, National Gallery.

Marie Luise Kaschnitz, Im Lauf der Zeit,
aus: dies., Orte © 1981 by Insel Verlag, Frankfurt/ Main.

Manfred Kyber, Der verliebte Pfefferkuchen, Der kleine Tannenbaum,
aus: ders., Gesammelte Tiergeschichten © 1972 by Rowohlt Verlag GmbH, Reinbek.

Selma Lagerlöf, Die Legende von der Christrose (Auszug),
aus: dies., Gesammelte Werke, II. Aus dem Schwedischen von Maria Franzos
© 1980 by Nymphenburger Verlagshandlung, München.

Cécile Ines Loos, Der Weihnachtsengel (Auszug),
aus: dies., Verzauberte Welt © 1985 by Leonardo Loos, Küssnacht.

Joachim Maass, Das Weihnachtsmahl (Auszug),
aus: ders., Die unwiederbringliche Zeit © 1985 by Suhrkamp Verlag, Frankfurt/Main.

Otfried Preußler, Die Möldnersche Weihnachtskrippe (Auszug),
aus: ders., Die Flucht nach Ägypten © 1991 by K. Thienemanns Verlag, Stuttgart - Wien - Bern.

Margret Rettich, Die Geschichte vom Weihnachtsbraten,
aus: dies., Wirklich wahre Weihnachtsgeschichten © 1976 by Annette Betz Verlag im Verlag Ueberreuter, Wien - München.

Eugen Roth, Das Weihnachtsbild,
aus: ders., Sämtliche Werke © 1977 by Stefan und Thomas Roth, München.

Konzept: Network! München
Buchgestaltung: hoyerdesign grafik gmbh, Freiburg
Satz: ab.satz, Freiburg
Reproduktionen: Reprographia GmbH, Lahr
Herstellung: New Interlitho, Mailand 1998
ISBN 3-451-26705-5